谨以此书致敬蔡司175周年

相信坚持的力量

蔡 司 光 学 领 导 力 之 旅

蔡司光学领导力编委会 / 编

南方日报出版社
NANFANG DAILY PRESS
中国·广州

图书在版编目（CIP）数据

相信坚持的力量 ：蔡司光学领导力之旅 / 蔡司光学领导力编委会编. — 广州 ：南方日报出版社，2021.9

ISBN 978-7-5491-2428-2

Ⅰ. ①相… Ⅱ. ①蔡… Ⅲ. ①领导学—文集 Ⅳ. ①C933-53

中国版本图书馆 CIP 数据核字(2021)第 186015 号

XIANGXIN JIANCHI DE LILIANG

相信坚持的力量 ：蔡司光学领导力之旅

编　　者：蔡司光学领导力编委会
出版发行：南方日报出版社
地　　址：广州市广州大道中 289 号
出 版 人：周山丹
出版统筹：阮清钰
责任编辑：蔡　芹　黄敏虹
装帧设计：邓晓童　易　界
责任校对：魏智宏
责任技编：王　兰
经　　销：全国新华书店
印　　刷：雅昌文化（集团）有限公司
开　　本：889mm×1194mm　1/16
印　　张：15.25　插页 2
字　　数：140 千字
版　　次：2021 年 9 月第 1 版
印　　次：2021 年 9 月第 1 次印刷
定　　价：288.00 元

投稿热线：（020）87360640　读者热线：（020）87363865

发现印装质量问题，影响阅读，请与承印厂联系调换。

编 委 会

源源不断的补充，使得月牙泉的水量能够保持动态平衡；围绕月牙泉的沙丘东南风和西北风交替吹过，如此往复，使得月牙泉不会被黄沙掩埋。我想，我们这个行业也应该如此。只有练好内功，才能让泉水涓流不息；只有服务好广大消费者，才能让他们像地下潜流一样提供源源不断的市场需求；只有大家相互团结，良性竞争，才能抱团稳健而不被“黄沙”掩埋、干涸消逝；只有不断学习和创新，才能汲取更广区域的养分，创造出更大的行业绿洲！

有数据显示，随着经济社会的发展，国内的消费需求也在不断升级，对健康领域的关注更多，因此需要我们对服务方式进行创新；同时数字化已无处不在，我们的生意模式也需要创新。纵观国际，国与国之间发展状况在不断分化；回首国内，消费层级的分化也日趋明显；企业之间，行业头部品牌的快速发展给腰部品牌和中小企业造成了巨大的发展压力。创新和分化是未来的主题，这时候更需要我们行业内有更多的协作，共同面对环境的变化。

最后，以戈壁徒步圈子常见的一句话“一个人可以走得很快，一群人可以走得更远”，献给诸位同道，大家共勉。

杨晓光

2021年8月于羊城广州

（作者系蔡司光学中国区营销副总裁、营销总经理，蔡司精英学苑院长）

一个人可以走得很快

一群人可以走得更远

vivo X60 Pro+ · ZEISS

vivo X60 Pro+ · ZEISS

目 录

相信坚持

行者无疆，在旅途中追梦远方

目标管理

灯塔领航，在未知中思考探路

团队协作
聚沙成洲，在集体中群策群力

逆境寻机
百炼成钢，在挫折中永不言弃

体验学习
履践致远，在历练中领悟真谛

榜样力量
上下同心，在竞速中齐头并进

徒步在浩瀚无边的戈壁、大漠上，我们在一次次超越自我中思考何为领导力，该如何实现团队行动领导力目标：对于团队管理，是训练团队在目标及策略制定、协作分工、相互激励的能力；对于逆商经历，是锻炼在动荡环境下的领导力，学习如何带领团队在逆境中寻求生存与突破；对于领导者本身，是提升自我认知、团队认知、环境认知的能力。

行走的人是没有界限的，有目标的人才能决定自己走得有多远。我们相信坚持的力量，无论多远都能到达，点滴的努力，终将给予未来美好的反馈。

▶ Part 1

相信坚持

行者无疆，在旅途中追梦远方

戈壁行：
致敬与我一路同行的每一位！

中欧营销学会　张桂森

2021年6月6日至9日，蔡司光学组织了一场三天两夜、路途长达88公里的领导力训练营活动。犹豫再三，还是决定打破自己十几年前立下的不参加戈壁徒步的誓言，经过与家人、组委会充分沟通并确认行程后，我做好万全的准备前往敦煌。好友晓光、建栋在当地热情接待，帮我在酒店安顿下来。许久不接触戈壁徒步，加之敦煌气候独特，我还提前做了一场“热身运动”，穿戴好各类戈壁需要的行装，在下午3时烈日当空时在周边缓缓步行了15公里。看似高温而又干燥的环境，却一点也不觉热、不觉累，偶尔还会吹来一阵清爽的小风。我觉得自己准备好了！

在看到活动小队名单中出现了自己名字后，我未免有一丝忐忑，但想着“兵来将挡，水来土掩”，挑战一下自己！经过一早上的准备工作，上午9时30分我们正式从起点出发，宏大的出征仪式，激扬豪迈的现场音乐，烟花四射。我努力保持平静，尽量不让自己的肾上腺素激增。三天没有信号，交通靠走，通信靠吼，“不打电话，不回信息，不看微信”的活动，就这么拉开了序幕！

出发之后，我便一个人默默地前行，享受着过程的寂寞，“古来圣贤皆寂寞”。根据积分规则，每队需要有6名队员在规定的号旗处打卡合影才能获得成绩。此时，我接触到本队第一个安全员铁成。他扛着本队的大旗，忙前忙后，服务精神和徒步实力凸显无遗。到了第40号打卡点，我竟是本队第一个到的，让我惊诧不已。等齐同队的6个人打完卡，我继续出发！“前面如何，我心不知。”这个时候，我的目标是要走完全程，努力不上车，我不想给队伍拖后腿！来自大连的小刘洋，打卡后就一直跟着我保持匀速向前，这种话语不多只是默默陪同的人，是我最好最喜欢的同伴，我们的默契就这样逐渐形成。

不知不觉，我们走到第80号打卡点，在原地休整了一个多小时，迎接同队打卡的队员。完成此处打卡后，这一天的路程也就剩余不多了，同队的队员成达一边鼓励，一边鞭策着我："会长，您比我年龄大，我跟着您一起走……"于是，加上小刘洋，我们三个人一起到达终点。第一天任务，我超越了自己的既定目标！晚上休息时，想到自己第一天的目标完成，心里不禁涌起成功的喜悦，美滋滋的，抱着对明天行程的激动与期待，我呼噜呼噜地进入梦乡。

新的路程在黎明前的黑夜里开启。我们收拾好行囊，头戴夜灯，再次步入茫茫沙漠……由于第一天出现了各种伤病等意外情况，小队里只剩七个人能继续参加挑战，稍出意外，我们就不能完成打卡任务了。严峻而残酷的现实，尽管背离了我"既来之，则安之"的初心，但我依旧要勇敢面对！

到了第一个打卡点，我依旧是小队第一个到的。休整了30分钟完成打卡后，我意外得知成达选择了上车退出当天的行程，这意味着我们小队加上我也只有6人了，我们就是队伍最后的希望。我咬咬牙，一定要坚持下去！这一天约35公里的徒步行，其中约5公里的绵延沙漠，加上各种陡峭的小沙丘，脚下一用力便仿佛会陷入无底沙潭当中……难度可想而知！

我看着队员铁成，他一个人默默背着团队全部的水和包，不仅拉自己队的女队友上坡，还帮着拉其他落队的女队友。受到他的影响，我心中的那种天生的运动竞争性爆发了……我坚持，我努力，凭着内心的一股冲劲和咬牙坚持，我埋头前进！连同小队其余5个人，最后我们一起手挽手努力冲刺般跑着通过了终点！我又一次超越自己的既定目标！这一天的困难程度直接“劝退”了100多人，而我却战胜了自己，成为顺利走到终点的其中一员！真是一场完美的挑战！

然而，经过两天超越自我的挑战，我的身体也已到达极限，膝关节严重疼痛，无论如何我都不能再继续参与冲线挑战了……同伴们得知我的情况，谁都没有怨我，有的只是鼓励，都说要是没有我，他们几个连前两天都坚持不下来。说罢，我们便讨论起最后一天的安排，老邓、成达、庞博和崔队都说明天要加入，加上本就有实力的铁成、刘洋，第二天成功走完全程的小雷和博士，我们又有一支完整的可冲线的小队了。他们的体谅和鼓励使我深受触动，他们的选择，是团队的力量互相感染，互相激励，互相帮助。这是需要何等的力量！何等的勇气！何等的信念！

最后一天，我们迎来了沙漠大挑战，也是即将胜利的大终结。尽管被迫退出了这天争夺名次的竞速徒步挑战，但我仍然一个人拄着拐杖，在沙漠中惬意地拍照，行走，乐享其中！我的身后不断有人追赶上来，对每个仍在坚持行进的伙伴，我都为他们加油鼓劲。最终，同队的伙伴顺利走完全程，我们一起在终点合影留念。我们再次战胜了自我！

最后一个晚上的分享，全营400多人齐聚一堂，主办方让我分享此次戈壁之旅的感想，我匆匆赋诗一首，表达一下我的心情。

相信坚持的力量

猎猎旌旗战鼓起，五百勇士前赴继。

茫茫戈壁为何在？吾辈朝圣今可值！

漫漫黄沙火焰日，爬山涉水后留忆。

阵阵鼾声惊不醒，夜行静语为坚持！

在回京的前夕，我和活动承办方老贺、主办方晓光，坦诚地交流了我的想法，赢得了他们高度认同：安全性才是这种活动的第一优先，一群没有经历专业训练的人来参加团建，挑战自我极限，后勤保障是基础；不能鼓励个体往前冲而带坏团体的节奏，团队精神、团队协同以及团队的鼓励，才是这次活动的最大收获。

共同的事业，共同的斗争，可以使人们产生忍受一切的力量。

——（苏）奥斯特洛夫斯基

戈壁徒步是一项成年人的运动。一直以来，我特别反对为了冠军而参加，这背离了这项运动的初衷！为此，有运动底蕴的我从来没有参加之前的戈壁挑战活动。有人抱着看重冠军或成绩的想法来参加戈壁行，实则是相当不成熟的。在外界的挑衅和自身好面子的情绪鼓动下，这种幼稚的想法很可能占据理智，有人受伤，有人为此透支自己……

"一个人可以走得很快，但一群人可以走得更远！"戈壁挑战的核心不应该是把它看作一项体育竞技运动，或者是为了追求个体的成绩甚至团队成绩，而是要鼓励大家协同协作而完成。通过团队合作、团队精神突破自我，这才是领导力的核心，才是行走戈壁的终极境界！

当孤独行走、独自冥想的时候，当累极了想放弃的时候，当淹没在茫茫沙尘暴里前不见跑者后不见追者的时候，当面对陡峭的沙丘连爬上去都很难的时候……能依赖于团队的力量而战胜自我，就是自己最大成功，也是自己的涅槃重生！

这次戈壁挑战活动，我们小队每天都有6人手挽手一同冲过终点线。从最初的互不相识，到一路同行同吃同住，我们之间逐渐产生"别样的亲情"，我们收获了比冠军还要重要的心态、友谊和坚持的信念。这，或许就是戈壁行的真谛，或许就是人生的目的和真谛。

第一次戈壁体验至此落幕，让我受益匪浅。此文是为复盘总结，也为随想记录。最后再次致谢好友晓光给我的鼓励，让我体验了人生极致的"戈壁之行"！

人生，是一辈子的毅行

长沙爱尔眼科　黄　丹

这几年，随着年龄增大，身体出现的小病小痛越来越多，我渐渐意识到健康的重要性。于是近年来，我开始有规律地游泳、打羽毛球、练瑜伽和尽量多行走。没想到，机会真的是留给有准备的人，火红的六月召唤蔡司光学训练营的举行，我这些年的锻炼，终于有机会得到检验。

三天的历练已然过去，如今，我坐在舒适的空调房里，回忆刚过去的那60多个小时，那88公里的路程，犹如梦境一般。三天两夜的艰难跋涉，队友们的互相扶持与鼓励，仍历历在目——茫茫戈壁、浩瀚沙漠中，我们犹如一头头长途迁徙的大象，笨重又坚定地往前挪着步子；又如红军的万里长征，虽然累得全身松软乏力，大口大口地喘气，却不敢止步半分，因为后有“追兵”，生怕延误“战机”。我们这支平凡的“飞虎队”，硬是靠着坚强与毅力，在41支队伍中，脱颖而出。我站在领奖台的那一刻，心里不禁感慨万千！

其实，每个人这一辈子，又何尝不是一次不能回头的毅行呢？

人生的头二十年，是在为我们人生的毅行做准备。

我们学习讲话，学习走路，学习知识，学习团队协作，学习提升人生的逆商……只有准备工作做好了，毅行中才能少吃苦头。

人生的第二个二十年，就像出发的第一天，对未来的路充满好奇与忐忑，有些人一直兴致勃勃，有些人渐渐无声。从这段路程中，基本可以看出第一个二十年的准备工作是否做得充分，必要的知识是否掌握到位。可是，那些提前上车的人，原因究竟是准备不足造成伤痛被迫

退出，还是没有相信坚持的力量呢？

人生的第三个二十年，就像出发的第二天。明知这是最为艰难与漫长的一段路程，回头是不可能的了，想搭上便车却又不甘心，有时候可能根本无车可上。唯有咬紧牙关，为了自己——看看自己的潜能到底有多大；也为同伴——他们可能在前方渴望着你的到来。一旦你掉链子，就只能退出团队了。就这么想着走着，走着想着，也渐渐来到了第三个终点。

人生的第四个二十年，就像出发的第三天。虽已疲惫不堪，但胜利在望。这个时候，沿途绝美的风景你都无心欣赏，唯有满身的伤与痛，真实地刺激着你的每一个神经元。身边一起走的队员渐渐稀少，能一起走到终点的，一定会唏嘘不已：真的太难了，太难了，看你下次还敢不敢来？！

人生的第五个二十年——如果你顺利走到，那多半是坐在家中，像我如今这样，有些骄傲、有些热烈地讨论你一生的毅行经历，或静静回味着某一段毅行的时光……

生命，是一辈子的毅行。
你可能是一个人在走，
没有帮助，却不可以放弃。
你可能与一群人在走，
会有失望，但你要给人带来希望。

生命，是一辈子的毅行。
你可能走得艰难，没有速度，
却不可以停留不要躺平。
你可能遥遥领先，无人可及，
但别忘了回头鼓励。

因为，
一个人可能走得快，
一群人会走得更远……

行者无疆，相信坚持的力量

盘锦星星眼镜 姜 兴

我们是谁?

我们是视光行业的精英，我们是蔡司光学的忠实拥趸；我们来自五湖四海，我们来自江南塞北；我们是各自企业的负责人，肩负着企业前行的使命和责任!

我们为何而来?

我们又是行者，我们应蔡司光学之约，来参与88公里戈壁挑战。我们在烈日下跋涉，我们于星空下行军，浩瀚沙漠、无垠戈壁，我们用脚步丈量自己的世界，我们更在挑战自我中涤荡灵魂。

我们得到了什么?

此刻，偃旗息鼓，尘埃落定，每个人都举杯相庆。吹尽狂沙始到金，勇士自然万人仰慕，坚持者亦会收获一种脱胎换骨、醍醐灌顶的感觉。每个人来戈壁徒步的理由或许都不一样，但一样的是，我们都走同一条路，循着千年前玄奘西行的古道，传承和弘扬华夏精神，给自己的生命来了一次洗礼。

回顾我这三天两夜的历程，徒步戈壁是一场关乎精神的追寻之旅。从第一天的兴奋、期待与新奇，到第二天、第三天的步履蹒跚，举步维艰，完全濒临崩溃。广袤无际的戈壁、绵延起伏的沙丘、遥不可及的终点、身体上的疲惫不堪和痛楚，这一切逆境及不确定性都可以成为放弃的理由。我没有放弃，虽然我没有走到终点略有遗憾，但我觉得既然参与就应该遵守规则，所以我一直走到规定的结束时间。我问心无愧，唯一支撑着我走下去的是坚定的信念与对自己的承诺！我可以输给很多人，但一定要赢了自己。我的背后是我的企业和团队，作为领导者，我必须要身体力行、以身作则。桃李不言，下自成蹊。

我最佩服的是我们橙4队的陈亚辉，虽然后两天她超时没有成绩，但她都坚持到达终点。她使我明白了一个道理：戈壁之路，聚力前行，路虽远，行则将至！任何的障碍都只是来源于自己的内心，只要我们心中有梦，只要我们脚步不停，终会绽放最精彩的自己！

人生如逆旅，我们皆行人。大自然是残酷的，我们每个人、每个企业终将像敦煌昔日的繁华湮灭于莽莽黄沙之下；但历史却是公平的，在历史的长河之中，必将有像张骞、张议潮、玄奘这样坚持信念的璀璨明星闪耀于浩瀚星空。

路漫漫其修远兮，吾将上下而求索。人生就是不断地在路上，而后不断地挑战自己。若要人生精神长在，企业之树长青，只有前行，只有坚持。真正能够定义我们人生的，是那些困难的事情，只有让自己的身体和意志更强大，才能让我们成为强者，才能带领企业走向胜利。找到并坚持我们的使命，走下去，坚持走下去，请相信坚持的力量吧！一个勇于挑战自我、拥有坚定信念、为了理想而奋斗的人和企业，是不会被任何边界限制住的。

勇者不惧而行者无疆。

非常感谢蔡司光学组织的领导力训练营，通过这次戈壁之旅，我对领导力有了更深彻的领悟。何为领导力？简单而言就是影响力，因为领导的实质就是影响别人的过程。我认为领导力最重要的就是要有使命感。每一个企业都是肩负着使命而来，只有使命才能真正激发每个人的信心和潜能，使企业走向卓越。领导力还要树立坚定的信念。物以类聚，人以群分，正是一群有共同理想和信念的人聚在一起才形成了团队，坚定、正确的信念可以带给企业可持续发展的机会。发挥领导力的最有效途径，就是领导者以身作则。正人先正己，领导者必须提升自身素养，真正从内心建立坚定的信念，并通过身体力行，以身作则，形成强大的影响力，这样才能由内而外地传播信念和原则，塑造企业文化，激发员工热情，促进企业发展。

在今后的工作中，我将致力于从以下几个维度去提高自己的领导力：崇高使命感召人；美好愿景鼓舞人；坚持信念磨砺人；体验学习提升人；以身作则引领人；团队协作成就人；服务意识留住人。

最后赋诗一首，向千年前踽踽独行而又坚定向前的玄奘法师致敬！

又见敦煌之玄奘取经篇（中华新韵）

天竺人道有神灵，漫漫西游为众生。

尘世但求无苦海，凡身何惧化明灯。

履冰蹈火八十难，越岭翻山百万重。

信念在心得正果，坚持自古是真经。

走着，走着

南京明亮眼镜　蔡振海

走向远方，
从少年到青年，
从青年到老年，
我们从星星走成了夕阳。

——汪国真　《走向远方》

月明星稀，踏着轻松而又平缓的步伐，旅途的开始总是令人憧憬又好奇。纵有冷风习习，也吹不灭对大漠探索的热情。这对我而言是一个全新的世界，漫步其中，我更在乎的是身边新奇的景致。走着，走着。走到东边泛起淡淡的红光替换了布满星星的穹顶，轻松写意，我仍未意识到长路漫漫的开始。

走着，走着。趁着步伐还能够轻盈，趁着音箱还能够歌唱，我把这段路途叫作青春。那时，总能笑着跟上同行者们的步伐，时不时地扛起旗帜走在最前方，放肆地挥霍贮藏在身体里的能量。那时，不会畏惧前方的旅途，即使遥遥无期也相信自己的力量。

当脚下的影子越来越短，而走过的路越来越长，无助感从心里涌起，目标和方向却逐渐从脑中消失。烈日漫不经心地炙烤着大地。每当翻过一座沙丘，等待我的只是另一座沙丘。身边的同行者们也逐渐走散，你不知道他们身在何方，坚持抑或是放弃。陪伴和鼓励在此时扮演着无比重要的角色。我不知道黄沙漫漫里我的道路在哪儿，但每一句“加油”都在指引我的方向。我不知道自己能否坚持到终点，但当我抬头看到身边与我同样疲惫但又充满希冀的同伴，我下定决心不能让他们失望。

走着，走着。烈日和我们一样，都有走向黄昏的时候。肌肉和心情已经麻木，有时候不知道自己坚持的目的是什么，四肢机械般地重复着一样的动作，疼痛感已经定格，大脑也将自己放逐。脚步和暮色一样，只是低沉。任何旅途都是可以放弃的，但你选择放弃之后的那段路程是你永远没办法体会到的。麻木而有方向地走着，是我最后所能坚持的，因为我仿佛能听见终点的喧嚣，那是同伴们庆祝的声音。

走着，走着，步入了熟悉的营地，一切好似我出发时的模样。又一次见到最熟悉的伙伴们，我不知道他们做了怎样的选择，但他们知道我做了怎样的选择。我不想再走，只想躺在属于自己的垫子上入眠。这是一段永不磨灭的旅程，我把它叫作人生。

人生如逆旅，我亦是行人。

成大事不在于力量的大小，

而在于能坚持多久。

——（英）约翰生

写给戈壁的一封情书

重庆千叶眼镜　陈锡岩

Hi，戈壁bro！

回到尘世喧嚣已经多日，格外想念美丽又倔强、质朴又凛冽、平静又疯狂、肃静又威严的你。提笔写了改，改了写，陷入沉思不能自拔，深入回忆，激动得不能自已。戈壁bro，除了漫天繁星和灼心烈日，我行走的山山水水中，再没谁拥有和你一样的魔力。

拥抱你时我落泪，因为你给了我扎心的皮肉之痛；

体会你时我落泪，因为你给了我和队友相濡以沫的相依相伴；

告别你时我落泪，因为你给了我一众相互扶持的兄弟姐妹；

回味你时我落泪，因为你给了我从今以后的无所畏惧……

谢谢你赐给我一群可爱可敬的人，黄沙为引，大漠为伴，日初为始——走！

坚持的力量、狂野的士气、笃定的目标、清晰的战略、不肯认输的意志力，在这三天两夜体现得淋漓尽致，这是一场忘却性别、忽略时间的修行——

这里有无垠的荒漠和21时的日落；

这里有钻石星尘无暇顾及；

这里有无梦酣睡鼾声响起；

这里还有完全无感的蓬头垢面、晒黑油腻、汗水泪水、脓包血水；

这里更有同甘共苦、休戚与共的生生世世戈友情！

亲爱的戈壁bro，风沙早已吹散了那些可以丈量的公里数、步数和名次赞誉，唯有不为人知，甚至不为己知的荡气回肠还在岁月里流淌和延续，有人选择了放弃，有人选择了坚持到底；有人留下了遗憾，有人留下了战绩！不论如何，我们都收获了你的深深情意。耐得住寂寞，忍得下孤独，吞得尽疼痛，看风沙漫天云淡风轻，思人生阅历是一场修行无疑。

晚安，戈壁bro！

莎士比亚曾说：Journeys end in lovers' meeting（恋人的相遇终结了行程）。一次戈友，一生朋友，很荣幸遇见你，让我们重新认识自己审视自己，拥抱天地。我的队友说过一句话特别带劲儿："既然选择奔赴，便义无反顾！"

谨以此文，与大家共勉。

戈壁之行对我的三重影响

蔡司光学　杨贵平

从戈壁之行回来西安的飞机上，仍然像去之前包机一样，机上大部分也都是回程的戈友。最明显的不同，是从去时的走路带风到此时步履蹒跚的形态，确实不得不做这种形态啊，毕竟戈壁都给我们脚板留下了几个“深刻”的水泡，到现在仍在辣辣作痛。可我没从戈友们的脸上看到懊恼和其他痛苦表情，更多是平静轻松，看来除了留下水泡，每个人都从这次戈壁之行留下更深刻的东西。

是的，留下更加深刻的东西。那首《相信我们会创造奇迹》萦绕脑海，芦苇、戈壁，沙漠沿途的景色我们不曾忘记。记得回来后，我在自己的朋友圈写下：

走过不同的路，看过不同的风景

保持热忱，视野更开阔

细想一下，我发现戈壁之行对我有三重影响。

第一重影响：在追求目标的过程中保持第一梯队

“先发优势”“第一梯队”，对这些词语我原来没有那么深刻的感受，而这一次，我却深切地体会到这些词语的内涵。我所在的队伍是绿4队，同组的有蔡司光学的同事杨建、阿聪；有来自天明视光的紫晶和千叶的锡岩、奥康的玉江，还有精工的陶涛、菲菲、胡总和王艳。第一天是绿队先出发，走在队伍的前面真的拥有先发优势，而这种先发优势会让你保持住竞争优势。第一天我们6个人是第4名冲线，超出了期望。这件事给了我很大的冲击，就算团队不算太强，但是如果找准了方向，保持住竞争优势，还是会获得不错的成绩，所以，方向策略要对，目标是保持住第一梯队的优势。第二天一直往前“咬”住先出发的黄队和蓝队，最终也获得了第7名的成绩。第二天结束的时候，脚已经起了好几个水泡。此时，我发现这种信念已经生根发芽，我心里暗想着第三天我一定要在第一梯队，所以第三天一开始，我和紫晶就跑在了最前面的第一梯队，保持在前五。团队的节奏明显被带了起来，到了中程的时候我们6个人已经走在了最前面，最终第2名冲线。

第二重影响：在团队中做出利他的行为，最容易被别人记住，是一种特别的能量场

戈壁之行，让我们认清自己的位置，你可以不是最能冲的，但一定要找准在团队中的位置。杨建第二天在中点补给站的时候，主动冲在前面。然后当我们6人大部队到补给站的时候就能马上吃上他提前准备好的西瓜和面条，满满的都是照顾的心意。精工的胡总第二天战略性上车，她在终点把大家的包先拿进去，也知道我们绿4队的“团魂”是西瓜，早早准备好等我们，我记忆犹新。第三天在第一梯队，吴工有很长一段时间和我结伴同行，他总是很乐意帮我拿水，这真的帮我节省了不少时间，也能让我保持前进步伐。我仍然记得第二天我们的第6人是王艳，刚过完沙漠的时候，她已经感觉走不动了，我陪着她走了好一段路。那一刻我知道，正是这次的陪伴她才能坚持走下来的，如果停下来休息，可能接下来就走不动了。每时每刻，你知道能为你的团队做些什么，才能激发团队能量，而这种能量也会让你自己很愉悦。我在陪伴王艳一起走的过程中也感受到一种特别的能量场，这种能量场也会激励我自己此后能跟着团队一起冲刺。

第三重影响：孤独的行走的力量，坚持

戈壁之行结束后，我停留在了西安，转场给客户做培训。在等待培训的周末的时间，我竟然绕着西安城墙走了一圈，1个人，3个小时，14公里！要是在以前，不可想象！我是典型的社会型个性，独处做一件没有趣味的事情总是不太长久。而我现在竟能绕着西安城墙一圈走下来，我都有点佩服自己。我想，这就是戈壁之行给我的影响，在茫茫戈壁前行的时间，总会需要一个人独自走，低头往前冲的那种劲儿留在了我的心里面。这种坚持和毅力，伴随着我坚持走过了88公里。这短短的14公里，我也不会觉得怎么样了。对，可能另一个词更加贴切描绘了这种影响，是“韧性”！

小时候就崇拜玄奘，他行走沙漠的故事一直留在脑海，想不到这次也能愿望成真，最终也达成了在戈壁88公里挑战的目标，也是一种致敬吧。

行者无疆，既然选择奔赴，那么就一往无前吧！

挑战 88 km，挑战自己

蔡司光学　谢妮娜

作为蔡司光学刚入职的新员工，我居然有幸参加这次领导力训练营。当接到通知的时候，我激动了许久。对于参加领导力训练营我下意识会想：什么是领导力？很多人认为领导力是一种管理能力，实际上这种认识是不正确的。现代管理学之父彼得·德鲁克说：“管理是把事情做好，而领导力则是做正确的事情。”做一个领导者容易，而做一个具有卓越领导力的领导者

则不是那么容易的一件事。领导力是领导者的一种影响力，会使人们心甘情愿地为实现团队的目标而努力。

我们队伍的老刘在这次活动中就充当了领导者的角色。领导力的第一级是自我领导力，意识到自己的不足，超越自我。老刘在2018年参加过第一届戈壁挑战活动，那时走下全程已是很艰难，因此为了这次活动，他提前准备了三个月，每天跑3—6公里。领导力的第二级是团队领导力。第一天到半程的时候，他就对我们每个人的能力有了大致的了解，我们组的实力两极分化，有5名队员的速度是相当的，但为了等第6名成员打卡而浪费了半个多小时。为了团队，我成为需要加紧追赶前方部队的“第6名”。老刘为了激发我的潜力，不停鞭策我一路小跑，我稍微落后他就立马停下催促，团队荣誉感使我不断突破自己的极限。领导力的第三级是策略领导力。老刘深知我第一天已经超出了极限，如果换一个潜力比我更大的人，我们的成绩会更好。于是，他把目标放在临时加入我们队伍的两位小伙身上。他们第一天虽然走在最后，但身体素质比我好，所以我主动让出了打卡手环。果然，第二天队伍从第12名进步到第5名。第三天，队长的腿意外受伤，我

们损失一员大将，不得不再替补一位上来。只有6位先锋是不够的，万一再出现情况就达不到目标，因此第三天老刘决定不选先锋队员，要所有人都拼尽全力。整个过程中，我看到老刘保持清醒的头脑组织协调资源，不断向目标前进，我想这就是领导力。

做一件事之前，如果你能想清楚，这件事对你而言有多重要的意义，你就拥有了坚持和努力的驱动力。丹姐在第一天的复盘大会上总结道，我们在座的所有人，都是企业的老板或者高级白领，来到这里，我们的目标不是为了拿名次和奖品，而是荣誉，是信

> 领导者的工作是确定方向、整合相关者、激励和鼓舞员工，其目的是产生变革。
>
> ——（美）约翰·科特

仰，是走完88公里的一致目标，即使走不完也要挑战自己的极限。

我们黄7队11个人，平均年龄40岁，最大的69岁，最小的27岁。这样的阵容跟其他队伍比起来毫无优势，凭什么能在41支队伍中脱颖而出，取得第6名的成绩？因为在定目标的时候我们清楚分析了自己的实力，分析了对手的实力。

一开始我们定下了第一天第7名的目标。前期，我们由于实力分化严重，落后很多；后期，我们趁别的队吃饭休整的时间抓紧做任务，最后一起冲线取得第12名的成绩。复盘总结的时候，我们看到了其他队伍的实力，而我们侥幸在午饭时间"笨鸟先飞"，于是第二天我们保守定了第10名的目标，调整人员后取得第5名的成绩。来这的人都是冲着冠军去的，我们一天比一天进步，于是到最后一天我们的目标就成了第5名。虽然队长膝盖意外受伤，我们可能与冠军失之交臂了，但其他队员都把压力放在自己身上。前两天排名最后的符姐这次居然冲在最前面，看到终点的那一刹那体力不支晕了过去……我后来跟符姐聊到她当时的心情，她知道队长受伤之后老刘跟她说"只能靠你了"，这句话让她在爬上好汉坡出现胸闷的情况下没有立即休息，直奔终点。我被符姐的这种精神感动了，在企业中她也一定有很强的荣誉感和清晰的目标。

一个人可以走得很快，一群人可以走得很远。这句话不仅适用于我们队伍，还适用于蔡司光学领导力训练营整个大团队。从未走过沙漠的我在翻越一座又一座沙山的时候没有方法，纯靠蛮力。幸好我遇到了其他方阵的队伍，他们邀请我临时加入他们的行进队伍，在他们的帮助下我找到了走沙漠的方法。此时的我们就是一个团队的，不分队伍，没有竞争，我们都是领导力训练营这个大家庭的一员。

这次领导力训练营，强调思考、讨论和观点输出，我深刻体会到公司安排这次活动的意义：团队做事一定要小步快跑，快速试错。"纸上得来终觉浅，绝知此事要躬行。"

当我们去做一件事的时候，通过反复做，不断总结和思考，从而找到更好的方法，实现一次比一次优化。我从不满足现状，认为没有最好，只有更好。渴望进步，拥有归零心态，才能不断走在成长的道路上，才有机会发现人生的无限潜能。

穿越心灵的沙漠，从失败中思考有感

武汉造寸眼镜　李佳男

很荣幸能够参与到这次蔡司光学领导力训练营，说实话，最开始我对这个活动是不以为然的，徒步沙漠如何能提升领导力呢？然而，这样的想法让担任队长的我在领导队伍的过程中，经历了前所未有的惨败。正是这次失败的经历，我对缺乏领导力所造成的影响进行了深入的思考，也算是对自己这次经历的一次复盘。

首先，关于目标设定。活动一开始，我们团队的目标就设定得比较随意，没有考虑每个人的具体情况，比如哪些人能力强、哪些人能力弱，由此导致我们定下的目标，队员们都没有放在心上，只单纯抱着“走走看”的想法。一旦产生了这种想法，结果可想而知：我们的团队没有一点凝聚力，如同一盘散沙。第一天的行程走完，在全部41支队伍中，我们获得第41名。这样的结果在意料之外，也在情理之中。

其次，关于团队协作。我觉得同队6人一起打卡的环节设计，是这次活动的神来之笔。它会让你在实际中真正体会到什么是“一枝独秀不是春，百花齐放春满园”。第一天，我们队伍只有5个人到达终点，所以未取得成绩。我们距离成功就差那么“一丢丢”，但不管个人多厉害，跑得多快，看似“伸手可及”却达不到目标让人感到绝望。这时候，作为队长的我就需要想办法，成功的最后一块“拼图”从哪里来？这“第6人”不可能从天上掉下来，因此我们需要培养目前团队里具有潜力的成员，我们要去帮助走得慢、走不远的人，给他做思想工作，为他鼓劲打气。甚至当团队有了可冲线的第6个人时，还需要

作好第7个人的准备：万一前六人其中之一突发意外情况，我们还有能力去应对出现的变故。此时，团队里面“政委”的角色也变得非常重要，我们团队的安全员柳林在其中就产生了巨大的作用。

最后，关于市场的不确定性。在小队集体讨论、复盘第一天行程的时候，大家都不能接受我们是最后一名的结果。我们总结经验，根据第一天的行程节奏制定了完整的应对方案，做好充足的心理准备要在第二天大干一场。结果，“计划赶不上变化”，第二天徒步的难度猛然增加，沙漠的路程变长，这一意外情况让我真正感受到了现实的变幻莫测和残酷。我们处于具有不确定性的市场环境中，就需要增加自己的确定性，做好更多的准备工作。看待问题不能想当然，要做好更多的应对方案。所以，第二天的结果，我们又是只有5个人坚持走到终点。

经过这次领导力训练营，我最大的收获就来自我们团队遭遇的各种各样的失败，每一个失败都能延伸到我实际的工作中：我是不是需要根据个人情况来设定公司每个人的目标？如何进行有效的团队沟通？我们面对市场的竞争是否有充足的应对防范措施？我们团队的“第6人”是谁？我们有没有做好团队“第7人”甚至“第8人”的准备？这就是体验式学习的最大优势，在实践经历中，不知不觉就能引发对于自身的思考。而领导力，字面意思就是领导好一个团队的能力。通过这次沙漠之旅，我真切体会到何为团队的凝聚力、团队的有效沟通能力、应对逆境的能力、目标管理能力和把不可控变为可控的能力。

“今人不见古时月，今月曾经照古人。”感谢蔡司光学组织的这次领导力训练营，让我们体会到先贤穿越沙漠的艰难，尽管我们体验的困难不及他们当年的十之一二；更让我在此过程中，通过一些目标的设置、一些细节设置的“小巧思”，把整个市场竞争浓缩到一次小小的徒步之中，受用终身。

· 有效沟通的七 C 原则 ·

Credibility 依赖性

Context 一致性

Content 内容

Clarity 明确性

Continuity and consistency 持续性与连贯性

Channels 渠道

Capability of audience 接收者的接受能力

选择坚持的人，定会有所改变

大同飞马眼镜　刘海利

徒步归来也有些日子了，在沙漠和戈壁的所见所闻和经历的一切，时常在梦里出现。我想用我生涩的语言把它们记录下来，希望这段经历能陪着我一起慢慢沉淀。

2021年6月7日，这个值得记忆的日子，来自全国各地及蔡司光学的眼镜同仁齐聚敦煌的大漠戈壁。我非常期待这次活动，还为此提前坚持锻炼一个多月，这次的目标是：坚持走完全程，超越自我！

过低的要求不利于实现团队的更高目标，过高的目标无法真正实现激励队员的目的。出发前的壮行宴上，经验丰富的队长刘秦琛综合考虑我们的情况后，制定了第一天争取第22名的目标任务。针对体能各异的队员，体力较好的六七名队员走在第一梯队，保证完成中途的任务和终点冲线；其他队员力求不主动上车。这是我们基于现有团队实力和环境定位所制定的初步目标，以求发挥团队成员最大的潜能。

事实证明，我们的决定和计划是正确的。一开始大家走得有点分散，后面我们始终保证有6人作为一个团体一起前进。下午的天气虽说有些炎热，但是第一天大家的体力还比较充沛，我们在规定的时间内以第21名的成绩完成了第一天的任务，达到了活动前制定的目标。队员团结协作、高度的团队责任感和高效的执行力，使我们圆满完成任务。

第二天，乘着夜色，我们借着戈友彼此的头灯，开始了新的行程。路上看着太阳从地平面上缓缓升起，我从未看过这么美的日出。大家相互拍照，想把这美丽的时刻定格在这里。每个人的脸上绽放的都是喜悦、快乐和自信！似乎忘记了今天任务的困难与烦恼。好心情陪伴着我们开始了今天的戈壁徒步。

天公作美，整个上午天气都不太热。我一个人走得很快，很快就到达第一个任务点。然而，没有自己的队员一起打卡，我只能停在原地看着其他的团队集体做完任务后扬长而去！无奈的是，队员们这两天体力消耗过大，甚至出现受伤的情况，不得不渐渐落到后面。但是大家仍在坚持，秉持着自己是橙12的一分子的信念，担着团队的一份责任，谁也不愿去做团队的减分项。这就是团队精神。一个人可以走得快，但一群人才能走得更远！团队协作，可以让我们

凝聚一切力量，克服万难，到达胜利的彼岸。

下午的路况是我们这三天里最艰苦的行程。在沙漠行走，基本上不及在戈壁一半的速度。队伍被拉散了，脚底水泡在隐隐作痛，小腿快要抽筋，爬上一个小山坡对我都是一种奢求。在这样的环境下，如果没有坚定的目标和信念，人很容易迷失自我。我们要坚持心中目标，相信坚持的力量！这一切精神力量的支撑，一定会带你走出茫茫大漠。虽然很遗憾，这一天我们没有达到团队目标，但是全队有7人走完第二天的全程。我们今天战胜了自己！我们是自己心中的英雄！

无边的沙漠考验体力，更考验意志力、勇气和信念！保持化整为零的战术导致队员之间无法借力。每个队员行走的时候都是同样的艰难，也无法互相扶持和鼓励，每个人都消耗了大量的体力和意志力。于是，我们及时调整方案，决定最后一天不要名次，只希望与朝夕相处四天

的队友们共同完成行程，为我们的戈壁沙漠之行画上一个圆满的句号。最后一天我们全体成员一起出发，队员之间多了一份默契，相互鼓励，相互帮助！强者领头，队员借力，互相陪伴扶持鼓励，我们先后冲上了最后一个长坡——好汉坡。团队的力量和坚持的力量，让我们笑到了最后，圆满完成了最后一天的任务。

我要感谢蔡司光学提供的这个平台，感谢组委会细致的后勤保障工作。也要感谢团队的每一队员，让我从他们的身上学到了坚韧、顽强、乐观和自信。相信坚持的力量！千年大漠不变，但坚持徒步穿越过大漠的你、我、他一定会有所改变！

又见戈壁

蔡司光学　王　博

敦煌，一个有着千年文明和文化沉淀的古老城市。无论是莫高窟的伟大，还是月牙泉的神奇，都会使人被其中蕴含的历史、艺术和生命力所震撼。

今年，我带着同样的徒步任务，第二次踏上这片令人神往的土地。在熟悉的酒店、熟悉的团队和熟悉的流程安排下，此次到访敦煌比去年显得更加从容。和去年稍有不同的是，今年挑战的人数是去年的4倍多，近500人的队伍，囊括了来自五湖四海、各行各业的兄弟们。今年蔡司光学领导力训练营，必然会成为一件行业盛事。

随着车辆逐渐深入戈壁，即将开始戈壁之行的勇士们蠢蠢欲动，有的甚至已经穿上装备。车辆到达后，大家更加按捺不住激动的心情，41支队伍下车后纷纷忙碌起来，做好热身、装备检查等工作。随着一声发令枪响，在红、绿、蓝、橙的彩色烟雾下，勇士们冲出了起点，开启为期三天的戈壁之旅。今年的路线远比往年艰难，无论是路况、路程或天气，都充满了挑战。

此次徒步很大的一个亮点是结合了领导力课程的学习，就本次领导力的内容，我记录了一些自己的心得和体会。

每支队伍都有来自五湖四海的兄弟姐妹。起初，大家被凑到一起，对彼此情况都不了解。在制定目标时，有备而来的组员自然会有比较高的期望，希望可以拿到靠前的名次；而平时锻炼不多的队员则希望可以降低目标，切合自己的实际。所以第一天的目标预测，基本代表了组长和团队的对本次活动的信心。然而，经过第一天自己团队实力的表现以及与其他队伍的对比，大家纷纷了解了自己和对手的差距。在这种情况下，第二天的目标制定大多数会更合理，那么意味着竞争也会更加残酷。从结果看，前10名的队伍中有3支队伍预测失误，充分说明了在竞争环境下，能否充分了解自身的定位和与对手的差距，很大程度上决定了未来的发展和成败。

对于我们组而言，基于第一天的好成绩，第二天我们设定了更高的第6名的目标，但我们忽略了团队需要有共识，才能“劲往一处使”。事实上，我们并未经过充分的集体动员和讨论，在第一天体力消耗过大的现实情况下，第二天的目标更具难度。我们在未确切认定有6名队员可以达标时，下意识设立了一个理论上可达到的潜能区目标，然而这个目标实际上超出了团队当下的能力范围。因此，目标的设定需要充分考虑自身与对手的情况，并且要在团队内达成共识，最大限度地调动积极性，先鼓励大家跳出自己的舒适区，再进一步挑战潜能区的高目标。

就如一位戈友说的：“抓一副好牌是运气，打好一副烂牌是实力。”作为团队的领导者，要明白队伍成员的水平一定是参差不齐的。此时，队长需以身作则，即使在能力上没办法给予大家专业建议，但在气势和信心上也要表明自己的态度，用高于自己能力的精气神来影响队伍。

作为团队的一份子，队员要互相包容，每个人在团队里积极思考如何将自己的作用最大化，从而影响整个团队。在戈壁行走中，体能好的人帮忙背包、拿水；有人放慢速度轮流照看体能差的人；有人跑到终点后又回头接应后面的队友；受伤的小伙伴提前到达终点为其他队友做好后勤工作；等等。我们都乐于照顾别人，也感受过被照顾的温暖。在三天的徒步之旅中，有无数忍着水泡和疲劳硬撑走下去的鲜活例子，这些敢于挑战高目标的勇士们，都能从强大的团队协作中汲取前进的力量。

三天的挑战中，会遇到许多不可控的意外情况，主要来自队员的体能状态、竞争队伍的状态和策略、路况的变化三个方面。当我们面对不可控制的情况时，逆境商数就会显现出来，即充分展示我们在面对困难和挑战时的应变能力和处理能力。基于此，在复盘分享时，我们得出了以下的领导力总结：一是学会掌控，第一天我们可以掌控组内队员的情况，激发团队的信心，设定有挑战性的目标，以此保证团队能取得不错的成绩；

> 领导力是一种对话，而不是唱“独角戏”。因此，我们必须了解他人，必须理解和欣赏追随者的价值观，并确立大家共同的价值观。
>
> ——（美）库泽斯
>
> （美）波斯纳

二是要有担当力，当没有完成任务时要对失败的结果负责，愿意承担责任，从而赢得他人对你个人领导力的信任；三是反应能力，当队员受伤时，要及时调整第二天的策略，思考如何降低团队的负面情绪；四是持续性，面对未知的复杂路况、未知的竞争压力，要鼓励队友做好自己，不要因为他人的速度影响自己的节奏。

在这场训练营活动中，我们每天顶着炎热的太阳，一步一个脚印地前行，会思考丝绸之路的意义，会思考玄奘取经的艰险，会思考蜥蜴为什么能在这里生存，会思考一棵小树苗如何取得水分，会思考人生的意义、工作的意义……每天生活在快节奏的城市中，难得有这样一次全身心投入挑战戈壁、挑战自己的机会。一切都慢了下来，可以让我们静心思考一些问题的本源，寻求人生的意义。

大漠豪情，历事炼心

上海一代眼镜 郑泽宏

从敦煌回来，几乎无缝衔接般，我又一头扎进了忙碌的生活和工作中。已经一周了，小腿的酸痛感还没完全散去，戈壁徒步的画面仍不时在脑海里出现。我想，应该趁着心里的感动还未被生活的琐碎完全淹没，写下点文字，记录这段难忘的经历。

毋庸置疑，这次戈壁之行给我带来的感受是非常深刻的，乃至生发出对过去与未来人生的思考，我想它必定会对我以后的人生产生重大的影响。

戈壁徒步的真正意义到底是什么？是身体极限的挑战，还是精神层面的升华？戈壁是一个竞技场，也是社会的一个缩影——个人的能力差距、团队之间的较量。有的人身强体壮，一骑绝尘；有的人看似平凡，却有超凡耐力，在关键时刻迸发无限的潜能和力量。然而竞技场上优秀的人，生活中未必优秀。到底哪一种才能真正让我感受到自我的升华？戈壁真的让我提升了吗？我真的战胜自己了吗？

士人有百折不回之真心，才有万变不穷之妙用。立业建功，事事要从实地着脚。若少慕声闻，便成伪果。讲道修德，念念要从虚处立基。若稍计功效，便落尘情。

身不宜忙，而忙于闲暇之时，亦可警惕惰气。心不可放，而放于收摄之后，亦可鼓畅天机。

这是《菜根谭》中的两段特别有深意的文字，其中蕴含着儒家的修身养德、道家的灵神天机、释家的自性本具。

> 死汉鞭挞不疼，觉疼原非形壳。僵尸爬搔不痒，知痒自是性灵。人奈何轻性灵而重形壳乎。形骸非亲，何况形骸外之长物。大地亦幻，何况大地内之微尘。
>
> ——《续娑罗馆清言》

我们只是通过磨砺形壳来激发自性本具的毅力，却以为是精神得到了提升。殊不知，一切须从静中取，而我却在动中寻。人生的意义是什么？使命是什么？接下来的路应该怎么走？

何期自性，本自具足。我们可以通过各种体验来引发自性本具的智慧德能。所谓“理可顿悟，事要渐修”，境界的提升需要历事练心。敦煌是神圣独一的、让人向往的，戈壁是浩瀚无边的、让人敬畏的。在这里，我可以全方位地认识自己，挑战自己。

感恩蔡司光学举办的这次戈壁徒步，让我在忙碌之余还能用这种刻骨铭心的方式来寻找这种意义。杨总在出行前给我们分享了关于领导力的课程，我最难忘的就是那句“一个人可以走得很快，一群人可以走得更远”。三天徒步下来，我们深深地感受到了团队的力量、协作的力量。如果没有队友的陪伴和鼓励，而是孤身上阵徒步戈壁，估计我很早就放弃了。三天的时间里，我们相互扶持，相互鼓励，咬牙坚持，用内心的坚毅战胜这荒茫沙漠。

第二天的行程是最最艰难的，组委会为了锤炼我们应对环境的不确定性，还悄悄把当天的终点往后挪了6公里。出发前，我们被告知第二天的徒步地形是戈壁、丘陵，还有芦苇荡，听起来还算美好。但午饭后画风突变，我们走进了一座座沙丘，连绵起伏，我们遭遇了最艰难的一段行程。攀登每一个沙丘，内心都在期盼，翻过去以后那边会不会是戈壁？现实是爬上去以后看到的，还是无尽的、连绵起伏的沙丘，内心崩溃。我甚至想过放弃，但这个念头只是一闪而过。看着身边的队友都在坚持，艰难地行走，我不敢放弃自己，更不敢放弃团队。我们保持队形，相互搀扶，相互鼓励，都想给对方多一点能量。终于，我们走出来了！63000多步，我刷新了自己的纪录。我们取得了三天里最好的成绩，在41支队伍里名列第2名。那一刻，我们相信了，相信目标的重要性，相信策略的重要性，相信团队的重要性。我们用抱团的力量，战胜了不确定性。抱团协作，可以在逆境下让人不停止脚步，继续前行。

戈壁的最后一天，当我们第一梯队6个人携手冲线的时候，大家都禁不住流泪了，是喜悦的泪水，是感动的泪水。终于走完了，过程太难了，太不容易了。那一刻，我们告诉自己我们可以的，我们做到了，我们的潜能无限，我们战胜了一切困难，战胜了自己！杨总在最后庆功宴上的一句话让我印象深刻：所有来之不易的收获才会珍惜，所有拼尽全力的胜利才值得庆祝。

戈壁之路如同人生之路，独行快而众行远。在人生道路上我们遭遇的种种困难，让我们难受，让我们痛苦，让我们崩溃，我们可能会想放弃。以后，如果遇到想放弃的情况，我会想起自己走戈壁爬沙丘的回忆。坚持是对自己的责任，更是对团队的责任。相信坚持的力量，相信团队的力量，这些力量，将会让我们用尽洪荒之力后，激发出自己的无限潜能，帮助我们到达终点。

再次感谢蔡司光学举办这样的活动，戈壁的徒步之旅，在我们的人生经历中，增添了浓重的一笔。感谢组委会和所有后勤保障团队的一路照顾陪伴，给我们方便，给我们莫大的安全感。感谢同行戈壁的所有伙伴，感谢我们绿1队的队友们。三天时间里我们从相互认识，相互熟悉到相互鼓励，相互温暖，相互感动，我热爱和珍惜这支队伍。踏上戈壁，就是勇士；戈壁回来，都是战友！感恩戈壁的同行者，感恩人生的同路人。

戈壁徒步，在路上遇到更好的自己

青岛亨得利　栾　凤

回程这几天，虽然身体一直在休息中慢慢恢复，但是脑海中仍在不停地回放戈壁三天两夜中经历的点点滴滴，满满的回忆，想用笔尖一一记录，又不知从何说起。整理好思绪，我要把这一段刻骨铭心的旅程永远保留下来。

戈壁对于我来说，是神秘、遥远而又陌生的。如果不是有幸参加了蔡司光学举办的领导力训练营挑战戈壁88公里徒步之旅，我可能这一辈子都不会有这样的体验。有人或许会说，不就是走个路吗，有那么记忆深刻，无法忘怀吗？也许，我参加前也会这么觉得，但是当我真正走完全程，其中所经历的一切深深地触动了我。真的只有参与过的人才会有所体会。

在前一晚的壮行宴结束之后，我们整装待发，一早坐大巴前往戈壁。走之前和伙伴一起各种拍照，既期待又好奇，殊不知等待我们的，是更多的挑战以及一望无际的戈壁和沙漠。橙、黄、蓝、绿四大方阵，队友们举旗呐喊，行前热身，每个人身上都充满了能量，热血澎湃。从开始到结束，我走完了全程，与我的队友一起踏着“相信我们会创造奇迹”的旋律完美冲线。奖牌挂到了我们的脖子上，我们取得总排名第11名的好成绩。

经过三天两夜的行程，我深深感受到坚持的力量。我们行走在戈壁和沙漠中时，伴随着身上的伤痛，觉得路途长得让我们的精神接近崩溃，长得让我们时时刻刻盼望着看到营地。那种无奈与绝望，真的只有体验过戈壁徒步后才能感受到，而最终的胜利只取决于两个字：坚持。只有坚持，你才会看到希望；只有坚持，你才能走到终点；只有坚持，你才能超越自己；只有坚持，你才能赢得胜利。

经过三天两夜的行程，我深深感受到团队的力量。队长董振宗、安全员程林、先锋队员、一路帮我背包的小哥哥郭金生，以及我们其他的成员——陈总、刘杨、昝迎、王姐、我的伙伴晓琳，我会永远记住你们的名字，记住我们的绿8智睿绿洲队。这几天，我们的团队一直在不断地总结经验，调整策略，从一开始速度快的人先走，到后来速度快的人领队，逐渐掌握了团队一起前进的方法，团队的协作精神也逐步体现。一路上，大家脚下都有不同程度的起泡，腿有不同程度的拉伤，每一步行走都伴随着阵阵疼痛，是团队的鼓励、帮助和关心，使大家都咬牙坚持了下来。现在想想，如果我是一个人去徒步，我可能中途就会选择上车，但是，在团队的鼓励、团队的荣誉下，我坚持用自己的双脚和毅力走完了全程。所以，我非常认同“一个人可以走得很快，一群人可以走得很远”这句话。

三天两夜，在我的人生虽然只是短短的几天，走过的路却感觉比一生要走的路都要长。这次的戈壁徒步之旅，真的让我感受到太多太多，让我对自己也有了全新的认识。相信经过这次领导训练营的挑战历练，我会变得越来越好，将在任何时候都展现出最好的自己。

Part 2

目标管理

灯塔领航，在未知中思考探路

什么是目标？那种让人朝思暮想，做梦都想，时刻不忘，而且一想起来就会热血沸腾的，才能叫目标。目标即灯塔，对于个人来说，目标是内心坚不可摧的精神支柱；对于企业来说，目标是推动企业发展的最大驱动力。

现代管理学之父彼得·德鲁克指出，目标管理是以目标为导向，以人为中心，以成果为标准，而使组织和个人取得最佳业绩的现代管理方法。企业管理说到底就是目标管理，目标管理就是要从目标层面调动团队各成员的工作积极性，完成共同

路在脚下，也在脚后

长春金诺光学 赵 明

6月6日是世界“爱眼日”，也是蔡司光学团队行动领导力训练营开营之日。这一天注定会在我的一生中留下难以磨灭的印记。接下来三天两夜的绝望与坚持，88公里的涅槃与重生，我见证了自己与自己的对话，对于目标，也有了更多的体验和感悟。

路在脚下，也在脚后。纵观整个行程，绝大部分时候，坚持都是比较枯燥的，需要努力并保持耐心，这很考验毅力。我只得不停地鼓励自己，和互不相识的戈友相互激励、相互帮助。但我发现这并不能持久，更有效的坚持方式是学会和自己的身体对话，去体察酸麻疼痛，去感受呼吸和步伐的节奏，不去刻意地干扰和控制。行进到思绪放空时，我忽然觉得自己已经成为沙漠的一部分，察觉到行走是身体的本能。此刻，不再需要思维去给身体灌输任何东西，进行任何指挥，只要让身体顺其自然地去发挥即可。此时身体自然会做出最好的调整，越走越轻

松，整体也更协调。

虽然这需要一个过程，需要一点时间，但无须着急，只需沉下心来，积蓄力量。我想这就是这次训练营的主题：相信坚持的力量。扪心自问，若不是真心想要，怎会全力以赴？我也有了一个深刻的领悟：终究是要靠自己的双腿走完全程，这一点无人可以替代。人生中有些路，只能自己走。

在这次毕生难忘的行程里，我感触最深的就是关于目标的部分。目标对企业的发展十分重要。目标有的时候不仅仅是KPI（关键绩效指标），还是共同的愿景。我们要在自己的企业中把目标明确出来，要做到每个成员都要清晰了解目标的全部内容。因为目标是我们出发时的灯塔，是我们困难时的信念，是每个人对团队的承诺，是团队凝聚力的核心。

6月6日壮行宴后，我们要为首日的行程设定目标。大家彼此观望，面面相觑，不知道怎么设定这个目标，只能结合出发前粗略了解到的各自的身体状况，定了一个相对保守的目标。本次训练营一共43支队伍，我们的目标设定为第20名，这个目标我们觉得是可以实现的，因此大家全票通过。然而第二天徒步一开始，我们就发现实际情况跟预计的有些不一样。尽管我们做了前期的分工，但实际情况却是原本打头阵的变成了殿后。我们默契地做了调整，保证前面6名队员完成既定目标，后面的5名队员不拖后腿，走完全程。前面的6名队员也在观察着队伍在整个大军中所处的位置，想办法保证既定目标达成。第一天的行程，最终我们达成既定目标，比设定目标高2名。

· 制定目标的 SMART 原则 ·

S 具体（Specific）

M 可测量（Measurable）

A 我愿意的（Agreed on）

R 可实现的（Realistic）

T 时间限制的（Time-based）

6月8日，这一天的行程非常艰巨。安全员给大家做了充分的前期动员，鼓励大家挑战自我。我们在第一天目标的基础上做了分工，力争达成第一天的目标。人员上也做了搭配和分工，实力相当的中坚力量和先头部队组成一个小队，其余人组成一个小队。一路上我们遇到了超预期的挑战，除了戈壁，还有没完没了的沙丘。走过一片一望无垠的戈壁，迎面而来的又是一座一望无垠的沙丘。我们组的队员几近崩溃，中途也看到了不少戈友倒在了沙丘前。困难的出现，就好比我们平时的工作，目标制定得再好，也会遇到突如其来的事情。我们的队长和安全员及时沟通，马上调整小队目标：第一小队往前冲，第二小队根据自身情况允许提前放弃，积蓄力量。经过这一波调整，第二天我们又达成设定的目标！

最后一天，我们的目标也很明确：不让任何一个队友掉队。第三天了，对我们前一天冲刺的6名队员来讲身体已经达到极限，因此我们决定把第一天后面5名队员作为先头部队。这对大家来讲都是一个不小的挑战，但目标已设定，每个人都朝着这个具体的目标前进即可。

很幸运，能在橙3团队里与大家共进退。在这里，每个人都关心彼此，向其他人伸出援手，一起携手经过一个个打卡点，感动无处不在。再累的时候，看看团队，心里也是幸福的！

当所有的走过的脚印在风中淡然无痕时，蓦然回首，人生已在一个新的起点。

曼巴精神

新乡新医视光　明东阳

2021年4月21日，懒洋洋的我正享受着午后的茶歇。突然来的一条微信打破了我的休闲时光：“明哥，6月5号敦煌88公里戈壁徒步，去不去？”收到蔡司光学的邀请，我一下子从躺椅上弹了起来，顿时精神抖擞：“去，一定要去！”就这样，我的戈壁之行由此拉开帷幕。

“明哥！东阳！快起床了，要迟到了！”同屋的小伙伴急促地叫我起床。这是6月7日，徒步的第一天，蔡司团队行动领导力训练营的第一天，可不能迟到呀。回想起昨晚我们黑曼巴队制定的目标：一是保证6名以上队员同时到达终点，二是争取进入前10名。我们队7名男生、4

名女生，平均年龄35岁，从团队的角度来讲还是很有优势的。作为队长，我给大家制定的个人目标是走完全程，既然来了就要坚持到底，没有退路可言，只有勇往向前！

伴随着杨总的一声枪响，400多人的徒步大军浩浩荡荡地出发了。我们热情高涨，健步如飞，没过多久我们黑曼巴队就犹如一道闪电般冲在了整个队伍的最前端。我们采用“雁之阵”的方式配速行走。面对疲惫，我们互相鼓励，互相加油打气；迎着沙尘暴，我们手挽手肩并肩，一起对抗沙尘暴。谁也没想到，第一天我们轻松走完了30公里，竞速成绩是第1名！我们低估了团队的力量，低估了自己的潜能。但是按照规则，由于制定的目标与实际偏差超过5名，我们被扣掉宝贵的300分。

有了第一天的成绩做底气，尽管出现了3名队员有不同程度受伤的情况，我们还是把第二天的目标定为第5名。

“哎呀！完蛋了，我的脚肿了。”“我的腿疼得厉害！”“我的……”凌晨4时，在大家此起彼伏的吐槽声中，起床号吹响了。“没关系的，这是我们身体的正常反应。等身体热了就会好的，快走吧，集合了。”我鼓励大家不要轻言放弃。此时，天空中的繁星一闪一闪的，地面上的头灯也是一闪一闪的。我们犹如一条发光的巨龙，蜿蜒在茫茫的戈壁上，等待着太阳从地平线升起。“真是太美了！”不知道谁大喊一句。每个人都拿出手机面对着东方记录着这一刻短暂的美景。大家似乎都忘记了疼痛，每个人都沉浸在了那一道光中……

出发后不久，我们第一梯队就有2名队员因伤掉队了。为了保证凑足6人冲线，我及时调整策略，拉着安全员权姐跟上队伍。大概走到10公里的时候权姐让我先走，并向我保证坚持在后面跟着。第二天真是极其残酷的一天！在沙漠里，先后有几名队友由于中暑等原因上了车，第一梯队仅剩5名队员。“绿7队长，我在59号旗杆，你们在哪里？”突然对讲机里传来了权姐的呼叫声，太棒了，我们又凑足6人了！此后大家互相鼓励，斗志重燃。汗水和血水混在一起，但我们高呼着“掉皮掉肉不掉队，流血流汗不流泪”！曼巴精神就是永不放弃。最后我们以第6名的成绩完成了第二天的挑战。

第三天，我们俨然早已忘记了伤痛，大家身上充满了力量，不顾一切地向前冲。什么戈壁？什么沙漠？什么伤痛？我们是黑曼巴！我们对外宣称的目标仍然是第5名，但我们自己内

部制定了“保三争二”的更高目标。我们携手翻越一座又一座沙丘，我们踏平一片又一片沙坡。越过最后的好汉坡，我们第一个冲过了终点。就在那一刹那，我们相拥在一起，为自己感动，为团队感动！

我们并没有忘记最后的2名队友，他们在后面的挑战一点都不比我们冲线的人少。在近3个小时的等待中，催促我们回酒店的广播一遍又一遍响起，但队友还未到齐、战友还未归队，我们不会离开，我们不能走！在等到江凯和权姐的那一刻，我们所有人冲上去迎接，全员再向终点进军。我哭了，权姐也哭了，大家都流下了泪水。

最终我们以总分9200分，用时18小时40分钟的成绩获得团队冠军。这，就是相信坚持的力量，相信相信的力量，相信团队的力量！没有做不到的事情，只有愿不愿意去做的事情！88公里，不只是对人身体极限的挑战，更是对人生的感悟！

不坐车，不放弃！

吉首新杨明　符春艳

“大漠孤烟、长河落日”，心中的憧憬与遐想如美酒般在两天的火车之旅中慢慢发酵，越来越浓……终于，那个遥远的名字变成了每个毛孔都能感到的现实——敦煌，我来了！

开营晚宴后，我成了黄7队的一员。在刘总的悉心计划下，我们确定了主力第一梯队和替补第二梯队：刘总、丹姐、刘姐、田龙、妮娜、马主任是第一梯队；我和其他队友是第二梯队。我们的总目标是团体第7名。说实话，作为一名徒步菜鸟，此时的我对这个目标并没有什么概念，心想着只要不拖大家后腿就行。

就这样，我开始了第一天的戈壁徒步。随着浩浩荡荡的队伍，我们漫步在无际的广阔空间里，感受着蓝天之下自己的渺小。渐渐地，我发现我是队伍里步伐迈得最小的那个人。闲庭信步的我意识到自己这样会越走越慢，最终会拖我们队的后腿。热情的张松金老师是位经验丰富的徒步爱好者，他在我身旁给我分享了很多经验，让我把今天走完全程的大目标分解为一个个具体的小目标。于是，我给自己设了第一个小目标——3分钟内要赶超一个戈友。有了目标就有了动力，很快，我就实现了这个小目标。就这样，我不断地设定小目标并达成，在4小时后终于追上我们黄7队的两个男队友。此时，我每走一步，脚底的水泡都让我都感到刺痛无比，放弃的想法萌生了出来，但转念一想到冲锋的队友们，我就没有理由要放弃。在队友黄月桂的鼓励下，我就这么拖着疲惫不堪的双腿走完了人生第一个戈壁30公里。

当天成绩：第10名！大家对这个成绩还是挺满意的。傍晚大家聚在一起互相分享徒步的经验，比如走路时要挺胸，眼看前方，感觉很累时可以摆动背包及调整下走路的姿势等。我们也总结了当天的情况，分析有哪些不足，哪些可以改进。我也充分认识到，要善于将大的目标进行细分，这样才有每一步前进的动力，此外对于目标的坚持，特别是遇到困难的时候，要相信坚持的力量。最后，我们综合今天自己的表现和观察到的其他队伍的实力，定下第二天的目标：稳住第10名。

第二天的任务是36公里戈壁沙漠之行，我还是给自己定了个目标：不坐车，不放弃！步伐

慢的我和67岁的刘阿姨、受伤的马主任一起前行。前半程戈壁的部分还挺顺利，走至沙漠，我就慢了下来，渐渐地掉队了。一个人走沙漠，又累又害怕，但还是想着“坚持就是胜利”，继续往前走。很多戈友从我后面追上来，我担心走得太慢会被拉上车。脚底的水泡让我每走一步都很痛、很想哭。一路上我看着很多人上车，司机也不停地引诱我上车。我有过犹豫要不要上车，内心很挣扎。但想着给家里的孩子、公司的同事树立榜样，我还是坚持了下来。

第二天的成绩是第5名，比昨天还要进步，大家都很兴奋，也很满足！两天的行程，每个人都不同程度地受了伤，大家根据情况又修订了方案：让我加入主力梯队。前两天我都是本队的最后一名，我很担心拖大家的后腿！但想到他们已经连续两天当主力，身心疲惫，我没有理由不上了！

没有想到，在第三天我成了队伍的领军人物。虽然是“顶硬上”，但我一直咬牙坚持——大家已经努力了这么久，怎能因为我而功亏一篑呢？在好汉坡时，由于疲劳过度，我甚至感觉双腿不是自己的……坚强的意志让我不停步，然而身体却在此时罢工了。

和队友黄月桂互相搀扶着冲到终点前300米时，那一刹那我突然“宕机”了。那时的我就如同过热的电脑一样，近在咫尺的终点变成了一片黑暗，一种叫热射病的急性中暑将我带到了医院。当我再次睁开双眼时，周围满是关切的眼神，大家都来安慰我“逢凶化吉，必有后福”。其实我也不需要等待什么“后福”，此时此刻蔡司光学的伙伴、我的队友、我的家人，他们的关怀让我感受到了此生最大的幸福。

我并没有因为这个小插曲而后悔参加训练营，相反我会很珍惜这段经历。我今后的人生会因此而改变，我的家庭关系也会因此而改变，我会更珍惜家人、朋友，更耐心地去教育我的两个女儿。

> 去奋斗，去追求，去发现，不要放弃。
>
> ——（英）丁尼生

戈壁归来，每个人都是自己的英雄

蔡司光学 杨佳伟

三天两夜，88公里，戈壁走完了，身体累了，睡了两天。醒来后，思绪仿佛还回荡在戈壁上。

关于目标的制定：自己吹过的牛，哭着也要完成

克服了种种困难，我提前7天到达戈壁。这次来戈壁，我没有给自己设定目标，因为2018年那一次，我已经拿了冠军。再加上当时结束后，我就给自己定了每个月100公里的锻炼目标，一直坚持到现在。88公里路程虽然艰难，但我觉得完全没有问题。来之前我几次思考要不要加入队伍和团队一起行走，思来想去，最后放弃了。

在行程的第一天，看到其他团队相互鼓励、相互协作，看到他们在庆祝来之不易的那份成就的时候，我感动了，也后悔了。记得第一次行走的时候，我们盯着号旗，团队一起喊着口号，坚持下来，最终走完了全程。

没有目标的行走是可怕的，它会让人失去诗和远方。失去目标，失去斗志，会让人迷失在茫茫戈壁里。无论有没有团队，都要有目标，有了目标就有奋斗的方

向，有了目标肩上就扛起了责任。天行健，君子以自强不息。目标让团队凝聚，目标让团队成长，目标让团队成就彼此。茫茫星空，我们都要找到自己的北斗星，找到前进的动力。

关于目标的完成：一个人可以走得很快，一群人可以走得更远

观察我们这次绿、橙、蓝、黄4个方阵，队伍中不乏很多优秀的行者，但最终赢得胜利的一定是相互扶持、相互鼓励，认准每个人的定位，不相互抱怨，队员都在力所能及地贡献自己的那份力量的团队。为了队友，来回穿梭十几公里的“大神”没有怨言；为了等齐队友，让队友能够坚持下来，我们很多队长、男同胞义无反顾地扛起了更多的背包，为了团队的荣誉。那些诱惑我们上车的教练、司机看到我们坚毅的眼神，最终放弃了。付出是为了更好地收获。坚持不坐车的队员对于团队的贡献一点也不比“大神”少，因为每个人都是自己心目中的英雄，每个人都无私奉献了，团队才是真的强。大家一起不断地沟通、协作，这样才能完成目标。

关于灯塔：每支队伍都需要“苏大强”

“苏大强”是真的强，从出发开始就扛着大旗，迈着坚定的步伐，一路向前。时势造英雄，英雄出自团队，团队需要标杆性的人物。我们每支队伍都有自己的“苏大强”。标杆可以让我们看到自己的极限，标杆可以让我们知道努力的方向，我们的团队需要灯塔，需要灵魂人物。我们需要知道努力的目标，这样我们才不会在茫茫戈壁中迷失，才能在企业经营发展中打造百年老店，才能在茫茫星河中留下属于自己的那个位置。

关于目标的执行：感恩遇见，感谢你我

这里没有五星级酒店的舒适床铺，这里没有米

其林餐厅的美味佳肴，这里没有平坦的道路，这里没有繁华的都市。这里有的是400多人一起走戈壁、一起睡帐篷、一起听鼾声阵阵、一起三天两夜放空自己，有的是面对自我的挑战，有的是面对诱惑的坚守，有的是面对承诺的责任，有的是心与心的联结，有的是我们在路上、在一起。

穷荒绝漠鸟不飞，万碛千山梦犹懒。戈壁是孤独的，需要我们去挑战；沙漠是寂寞的，需要我们用灵魂去思考，用脚步去丈量；团队领导力是有魅力的，需要我们用心去感知。感恩遇见，感谢有你，致敬我们每一位戈友，我爱你们！努力锻炼身体，让我们明年敦煌再见！

走过戈壁，超越自我

成都宝岛眼镜　张　丽

第一天的行程结束后，我完全没有想到，我们队的完成情况远低于既定目标。看到结果的时候，大家都很惭愧。虽然在制定目标时，大家基本上都是刚认识，队友之间也说不上了解，并且对其他队伍也知之甚少，但是，我们的最终成绩离设定的已经非常简单的目标相距实在太远了。在大组分享会上，听着其他队的各种成功体会，我们甚是羞愧。

大组分享会结束后，大家回到充当临时会议室的帐篷内，每个人的情绪都有些激动。毕竟，在第一天里，我们不仅目标的制定略显随意，就连在徒步过程中，我们好像也忽略了有任务需要完成这件事情。在40号打卡点完成打卡后，我们甚至很轻松写意地休憩了一会儿，分享零食，问队友携带的水果究竟是桃还是李；在午餐点，我们悠闲自在地用完午餐后，再结队慢吞吞地去测量血压；在80号打卡点，我们多次围观其他队的打卡游戏……

总结了第一天失利的各方面因素，大家在制定第二天目标时就谨慎了许多。结合各个队员的实际情况，也为了取得更好的成绩，在经过反复磋商之后，我们排除第一天在执行过程中的

> 达成一个目标是通往另一个目标的起点。
>
> ——（美）约翰·杜威

各种干扰，制定了一个经过努力可以实现的目标，并结合伙伴们的实际情况挑选出了打卡及候补人选……

清晨7时，戈壁的太阳徐徐升起，新的挑战就此拉开帷幕。在朝霞中，我们组以老罗为首的保障小组恨不得将打卡小组的负重降到为零。一望无际的戈壁滩展现了它严苛的一面。接近40公里的路程，一半是戈壁，另一半是沙漠，这对我们这队平时日均步数刚过万的人来说是一个很大的挑战。在40号芦苇荡的打卡点，我们一起到达又一起出发；在午餐点，我们到达时，保障小组的伙伴已备好午餐等待我们；在刚进入沙漠时，队长将自己携带的鞋套给了其他伙伴；在80号打卡点前面那段长长的烈日灼烧下的戈壁滩，我们互相鼓励共同前进；在最后5公里，我们在旗手的带领下全速前进；最终，我们以超过原定目标2个名次的成绩完成了当天的挑战。

第三天的行程，路程那么长，戈壁那么大，一会儿骄阳一会儿大风，连绵不断的沙漠更是“一山放过一山拦”。但是，即使疲惫不堪，即使伤痕累累，我们也没有一个人想要放弃。每个人都默默地在心里要求自己：今天一定要完成目标。每经过一个打卡点，我们的信念就更强烈。每个人，即使没有打卡任务的伙伴，也坚定地要求自己走完全程。在所有伙伴的同心协力下，每个人都没有辜负团队的期望，我们的目标，超额实现了！

三天的戈壁行虽然结束了，但是行程中的点点滴滴仍使我难以忘怀。我们只有超越自我，不断地挑战自我，不向困难低头，不断前行，相互鼓励，才能实现目标。困难时时刻刻都会诱使我们放弃，只有坚定对目标的执着，不断地挑战和超越自我，才能完成目标。

走过戈壁，我见识了祖国的大好河山，也重新认识了自己。感谢绿6队一路同行的伙伴，感谢蔡司光学的精心策划。走过戈壁，前方风景更美；走过戈壁，我们变得更好！

目标的力量

蔡司光学 孙丽忠

三天的蔡司光学团队行动领导力训练营结束了，但过程中的感人画面在我脑海中不停地闪过——我感动于我们的团队，感动于我们的坚持，感动于我们的努力。

一开始的时候，我对自己的要求并不高，只想着服务好客户、能走完就行，对于冠军没有念想，对于团队制定的目标也不是很在意。一路下来，我们走走停停。团队走散了，对于队员，我是能救则救，能帮则帮，最后在打卡点、终点等候。第一天结束，我们交出的成绩单是：4个队员上车，排名倒数第2！

在第一天里，我们基本是各自为战，没有清晰的目标，没有清晰的策略，没有团队，没有协作，所以失利是必然的。这就如同我们做项目带团队，如果团队没有目标，就不会有协作，不会有清晰的方向，如同一盘散沙。第一天的结果和困境值得我们深思：现实工作中我们也会存在各种各样关于目标的问题——没有目标，或者大家对于设定的目标不关心、不执行、各自为战。我想我们第一天的情形就是很好的体现。

路还是要走，戈壁还是要征服。痛定思痛，我们召开总结大会。通过反思沟通，大家认识了团队重要性、策略重要性、协作重要性。一个人可以走得很快，一个团队才可以走得更远。我们队根据第一天的情况，重新设定了第二天的目标：团队第30名。我们把10个队员分成2个小分队，第一小队为先锋队，1个核心队员带动2个队员，3个人相互协作，共同前行，确保这3人带动小队的其他3人；第二小队负责收尾，1个核心队员带动3个队员，确保一个都不能少。大家有了目标，齐心协力，相互鼓励，不断前行，一起到达终点，以第10名的成绩完成第二天任务。得知结果，我们全队开心得像孩子一样。在反思总结会上，大家相互击掌庆祝，同时也惊叹于团队的力量和自己坚持的力量。

> 为了进行斗争，我们必须把我们的一切力量拧成一股绳，并使这些力量集中在同一个攻击点上。
>
> ——（德）恩格斯

人还是这些人，但由于第一天和第二天目标设定的不同，产生了强烈的反差。大家也都体会到了目标在企业经营管理中的重要性。目标制定了，剩下的就要大家一起齐心协力去完成。

初尝胜果的我们欢声笑语，群情亢奋，设定了坐十望五的目标。第三天也是最艰难的一天，大家的身体都疲惫不堪，特别是脚都有不同程度的伤痛，不走痛，走更痛。第三天的策略和第二天一样，2个核心，2个小队，确保全部到位。这一天的行程出现了两个意外，但我们都将其完美化解了。一个是在中途第一小队有位年长的队员落下了，极有可能会上车，这样我们的先锋队就只有5人。正当大家垂头丧气之时，第二小队的一个小伙伴顶了上来，大家又看到了希望。另一个是大概走到三分之二路程的时候，有1名队员应队医的要求上车了，这样我们的先锋队又只剩下5人。正在大家非常沮丧的时候，一开始掉队的年长队员冲了上来。最终我们队完成了6人冲线的任务。走到终点的那一刻，大家欢呼着，相互拥抱着，分享着胜利的喜悦，也诉说着行走中的艰辛和不容易。

三天的戈壁之行结束了，我们收获了友谊，也收获了很多的感悟：首先，现实工作中，目标的设定对于团队来讲太重要了，没有清晰的目标，团队就没有方向，没有方向我们就失去了[illegible]进的动力。其次，有了清晰的目标，我们需要一起商讨策略，一起相互鼓励，劲往一处使，[illegible]手前行。最后，我们在行走的过程中、在企业管理中都需要做好风险评估以及行动方案，因[illegible]有做好预案，在风险来临的时候才能抵御风险，最终实现当初制定的目标。

戈壁走完了，回绕在脑海中的敦煌思绪久久不能散开。对于目标、对于团队，我们都有了新[illegible]感悟。从心出发，我们能行。

一样的行程，不一样的目标

蔡司光学　张　磊

今年是我第3次参加戈壁徒步。在不同的目标驱动下，每次我都有不同的感悟。

由于有坚持运动的习惯，2019年和2020年两次活动，我都毫无悬念地完成了，且基本没有受伤的情况出现。第一年的时候很有新鲜感，有太多未知因素，我当时的目标是走完并争取好一点的名次。当时队伍成员基本都完成行程，也充分体验了过程的乐趣，可惜无缘名次。第二年，我对活动强度基本心里有数了，希望能冲击一下名次。这次得益于队伍成员实力均衡，我们以团队第2名的成绩站上了领奖台。

2021年是第三年了，这次我的目标是什么？顶着疫情的压力，为了保障活动的顺利进行，我们很多蔡司光学的小伙伴都专职做工作人员。而我依然决定加入队伍。因为，我相信只有全身心地投入挑战，才能有最大的收获。

目标能帮助团队分析问题，寻找差距

这次训练营，组委会特意引入了目标设定的模块，旨在让大家感受目标的引领效果。第一天的目标最难定，因为所有人都不知道其他人的情况，所以名次比较难预估。壮行宴上观望一下，41支队伍，稳妥起见，我们定了第20名。当然，我们还有一个显而易见的、自己可控的

目标，就是要“有成绩”。这意味着起码要有6人完成行程，每个人都需要担当起自己的那份责任。

第一天，我们总共有9人走完了行程，成绩是第32名。看到和目标的差距，我们开始了思考：在整个过程中，我们其实并没有把目标放在首要位置，其间不停地被其他队伍超过也没有太大感觉；中午吃饭休息的时间太长，后面就很难追赶；前后照应不足，不知道团队整体的情况。

有了这样的分析，加上对于局势有了更清晰的判断，我们果断地将第二天的目标定在了第25名。

合适的目标能激发团队的潜能，也能给予足够的成就感

第二天的行程越发艰难，尤其是下午的沙漠，让很多人走到绝望，对讲机里一直有人问“啥时候才能走出沙漠”。过程中也碰到很多其他队伍的成员，几个人孤独地等待着，最后我们听到队员陆续退出不够6人的消息。相比之下，由于我们有了合适的目标做支撑，团队的运转还算比较顺畅，每个打卡点都能有6个人及时过来完成任务，然后继续前进。过程中我们的节奏紧凑了很多，吃饭和打卡也有效结合，确保完成任务后有一批人能先出发冲击下一个打卡点。我们没有人再放弃，哪怕遇到了很大的挑战，也是保障团队“有成绩”，这个是我们自己能掌控的目标。

最后的成绩，我们获得了第20名，差点就超过了浮动5个名次的范围。

值得一提的是，今年的徒步的确非常辛苦，是几年来最艰难的一次。过了晚上7时半都还陆续有队伍到达营地，这一天实际完成行程的人也不多，很多人最后都坚持不了上了车。在这样的情况下，我们队都没有再出现放弃的情况的确难得，也让我看到了目标的力量，支撑大家坚持的一个信念就是——不能给团队拖后腿。

个人目标要服从和支撑团队目标

作为第三次参加的老将，我是很想冲在前面挑战一下自己个人最好成绩的。但显然，这次，“挑战自己”就不是一个合适的目标，个人目标需要服从团队目标。在过程中，我需要带动几位关键的队员加快节奏，同时让他们及时拉伸避免受伤，这样的支撑和鼓励也得到了队员的认可。我也看到了其他团队中有更加忘我的队员，他们明明有冲击个人名次的机会，却选择跑前跑后地支持其他队员，保障6个人最快冲线达成团队最好成绩。这就是个人目标服从团队目标的典范。

此外，由于强度下降，我有了足够的体力，也在思考做点什么事情让过程更有意义。因此，在活动期间，我开始捡垃圾，一路上拣了17个瓶子，2个零食包装袋和1条丝巾。有时候不得不绕远路去拿，我也毫不犹豫地走过去，捡起来送到保障车里。

在整个行程中，我看到很多“残兵”依然坚持步行。我能感受到，他们有着不同的目标，有的是“不留遗憾”，有的是“给孩子做个榜样”，有的是“对得起自己”。这样的精神支撑对于一个组织和个人都是至关重要的，这，就是目标的力量。

实现一个小目标

蔡司光学　李国杰

对参加本次蔡司光学领导力训练营的客户而言，他们的目标是走完88公里。而对蔡司光学组委会而言，我们的目标是让400多人顺利走完88公里。身为组委会一员，虽然我也有徒步的策划组织经验，但是本次活动仍让我倍感压力：400多名全国视光行业的客户要在敦煌戈壁完成包括参观、培训、徒步等一系列活动。

坐在从敦煌飞往广州的飞机上，我还在细细回味着我们筹备、策划、组织这场行业内最大的训练营活动的点滴，以及自己的收获和反思。

学会分解目标

“罗马不是一天建成的”，目标也不是一蹴而就。“要让400多人在敦煌戈壁完成训练营的活动。”我们在接到任务后，首先对目标进行分解。从前期的客户邀请、确认其服装和航班信息、说明会，再到抵达敦煌后入住、莫高窟参观、壮行宴、启动仪式、徒步过程、营地晚会、庆功宴会、送机回程……我们将看似烦琐无绪的任务分拆为10个模块，并对这些模块再一次进行目标设定，指派同事与供应商来负责。如此一来，随着一个个小目标的达成，大目标不再遥不可及。

经历了前几届徒步活动，我们在执行过程中也在不断优化。以往在确认客户的个人信息时，我们都是列出表格然后通过电话沟通来确认，此“土办法”效率低，易出错。本次我们采用了小程序来收集相关人员信息，极大提高了效率与准确性。

困难总是存在的，但是方法总比困难多。在前进过程中，要抬头看那貌似遥不可及的大目标，更要低头一步一步完成每个小目标。

细节决定成败

“一个人可以走得很快，一群人可以走得更远。”单枪匹马是不可能组织如此庞大的活动的，一切都要依靠团队合作与资源调配。如在前期邀请时，不少人对徒步88公里望而却步，我们便邀请了一些以往参加过的老戈友进行分享，打消客户的疑虑。

客户入住酒店时，我们需要保证大家快速办理入住手续。为了提升效率，我们也与酒店方及供应商充分沟通，包括提前划分专用签到区域、开设绿色通道提前领取房卡等，确保每个人10分钟内都能办理完毕。组委会调动各方资源，在细节处彰显专业。

当设定了一个目标之后，可以低头想一想，我们手上有哪些资源能够更好地帮我完成这个目标？

有效的信息沟通

要达成一个目标，沟通至关重要。当团队人数较少时，我们的沟通可以很充分。但如果需要沟通的人数将近500人，如何才能把信息有效传达下去？这也是我在本次活动过程中一直思考的问题。

我们把队伍分成橙黄蓝绿4个方阵共41支队伍。颜色方阵，是我们本次信息传递的重要体现。通过队员们号衣的颜色，我们可以快速有效地传递信息。例如，我们需要2个方阵先出发，我们只需要通知“橙色方阵与蓝色方阵先出发”，穿相关颜色服装的人员就可以接收并执行。

戈壁上没有手机，更无法用微信。于是，我们在出发前给每支队伍派发一份工作手册、每天徒步结束后召开队长会议、每天在营地门口的公布栏公布成绩……这些都是有效的信息传递方式。

诚然，处在戈壁滩中，远离了手机等现代通信工具，我们只能通过面对面讲话等方式来进行沟通。但这种原始的方式，却让我们回归到信息传递的本质上。不借助工具，我们的沟通是否有效？借助现代化的工具，我们的沟通如何更高效？

做好充分的预案

“行百里者半九十。”前期准备了2个多月，然而就在开始前6天，突如其来的疫情打乱了整个活动的节奏，不少计划需要推倒重来。受疫情影响，原定安排的摄影团队不能前往敦煌。不过我们早准备好了应急方案：在兰州和西安重新集结队伍。最终，6月6日新的摄影团队准时抵达敦煌后，我们才松了一口气。

这只是整个项目中一个小插曲，但是从本次活动来看，类似的预案并不是个例。项目组成员提早了好些天抵达敦煌，也是为了应对有可能的突发事件，如沙尘暴导致飞机航班取消等。准备的方案越充分，距离目标实现就会越近。

目标不是遥不可及，我通过把大目标具象化，与团队充分沟通，朝着正确的方向前进，最终达成目标。这次的训练营项目的顺利完成，也仅是我工作中一个小目标的实现。未来工作的路上，还有很多更大的目标等着我去挑战。自勉！

特种部

Part 3

团队协作

聚沙成洲，在集体中群策群力

一个人可以走得很快，一群人可以走得更远。作为个体，即使再才华横溢、无所不能，仅仅依靠自己很难取得真正的成功。只有把自己融入到整个团队之中，才有可能取得更大的成就。

一群人不一定是一个团队，团队也不仅仅是一群人。而协作，是一群人成为一个团队的充分条件和核心因素。协作不是简单的人力相加，而是在发扬长处、接纳不足的前提下发挥出1+1>2的效果。一个卓越的团队，就是在谦卑中完善，在虚怀中充实，在妥协中前行。

团队助我去远行

上海普瑞眼科医院集团　雷德芳

2021年6月，我鼓足勇气参加了蔡司光学团队行动领导力训练营。此次训练营共有465人参加，分为4个方阵，41支队伍。我所在的队伍由于受广州疫情影响，由原来的12位队友减少为9位，我是唯一的女性。加之我还是一位野外徒步新手，一看便知我是本队的“短板”。有鉴于此，我暗下决心，虽然不能给团队加分，但至少不能拖后腿。

6月7日徒步开始。一出发，马上就看出来我是绝对新手——背包不会背，手杖不会用，走路更不知道怎么才省力，不懂如何补水等。这时，我还没有认熟的队友邓承义走过来，告诉我如何把背包扣起来省力，还把我包里的东西帮我背起来，陪着我往前走。

开始时我们走得比较快，感觉没有什么难度，还有说有笑。但随着时间的推移，我的速度慢了下来，再加上遇到河床小溪时为了不湿鞋，我不得不像袋鼠般在小溪两边跳来跳去，此外衣服也穿得不合适，也不会使用拐杖，上述种种严重消耗了我的体力。当走到30号打卡点时，我就开始落后了。这时队友张剑明博士主动放慢速度靠近我，鼓励我前行，并不停地告诉我正确的行走方式，不停地和我说话以分散我对脚痛的注意力。

好不容易到达午餐点，放弃的念头占据着我的脑海。张博士再次放弃了冲线的机会，简单午餐之后继续陪我前行。他还把自己的手杖给我使用，不时辅助我补水，拉伸我抽筋的脚。就这样，在他的帮助下，我们终于走到了宿营地。

晚上大家总结复盘，发现好几位队友都受了伤，有的脚起了8个泡，有的脚趾头都磨破了，有的膝盖疼痛不已。眼看着我们即将少于最低打卡人数了，大家一合计，决定帮助我这个“短板”继续坚持。

6月8日，在旭日东升、霞光万丈中，我们开始了最艰苦的一天的行程。根据既定计划，今天我们队伍全体人员一起走，走在前面的人也不会离其他队友太远，以便互相鼓励。行走起

来后，我虽慢慢进入状态，但是速度仍是慢的，安全员郭铁成殿后，以免我掉队。这天坡多路长、天气阴晴不定，一会风来一会雨，一会日出一会云，导致除正常徒步之外的行为大大增加。一会儿要添衣，一会儿要减衣，一会儿要补水，一会儿要避风，所有这些都是铁成帮助我完成的，有时他甚至走到我前面，减轻我逆风而行的阻力。翻过一山又一山，爬过一坡又一坡，眼前总是绵延起伏的沙丘，茫茫无尽头。

当走到47号打卡点时，我精疲力竭，非常非常想放弃。这时铁成又开始不停地鼓励我："我们后面已经没有多少人了，他们都坐车走了，他们都放弃了，我们只要不放弃，我们的成绩就会很好。"他还唱起动画片《西游记》主题曲："白龙马，蹄朝西……"听了他的话，我想着不能拖累全队，于是咬着牙又继续往前挪。邓总、铁成和张博士叮嘱我不要爬坡抄近道，那样会打乱节奏，不节省体力，又指点我哪个地面更好走一点。

· 团队协作的五大障碍 ·

缺乏信任

惧怕冲突

欠缺投入

逃避责任

无视结果

好不容易到达65号打卡点，也是午餐点，受伤上车的队友们早已为我们备好了午餐。特别是那些又红又沙的西瓜，我感觉从未吃过这么好吃的西瓜。午饭后，队友们又帮我放松疼痛的腿脚。这让我又鼓起了前进的勇气——虽然上了车的队友不能给团队带来成绩，但依然可以做好后勤保障工作，让我们这些还能走的队员继续走下去，我们仍然是一个集体，心是在一起的！

简单的放松之后我们又启程了，仍然是沙漠。走到81号打卡点时，我再次达到体力极限，看着怎么走也走不完的坡，觉得太难了。这时铁成又开始给我"画蓝图"了，指着前方说："已经到81号了，只剩19个了，翻过那个山就能看到我们的营地，坚持一下，很快就到啦！"看着铁成真诚的脸庞，我再次打消了放弃的念头，决心继续往前走。终于，我们在下午4时半的时候到达营地。在我们6人手挽手冲过打卡线的那一瞬间，我心中涌起的那份快乐与自豪真的是无法形容，对队友的感激无以言表。

回顾这三天两夜的历程，如果不是在一个互相帮助、相互扶持的团队，如果不是在一个对"短板"队友不抛弃不放弃的团队，可能我第一天就早早"缴械投降"了。在队友们的耐心帮助下，我成功地挑战了自己，看到了坚持的力量，感受到了团队的温馨、团队的力量！

谨以此文献给我的全体队友们，感谢你们的陪伴！

一群人，共赴远方！

邢台宁晋益明眼镜　乔彦锁

在炎炎夏日之际，我接到蔡司光学之约来到敦煌，参加这次训练营。尽管来之前知道戈壁荒漠困难重重，然而一开始我并没有意识到这个活动的意义。只有在经历了三天两夜88公里的戈壁徒步之后，我才对这次活动有了真正的认知和感悟！

没有做不到的事情，只有自己不愿意去做的事情！

在企业运营管理中，经常有一些员工会对企业的销售目标和学习任务等执行不力或敷衍了事。究其原因，不是难度大，而是从内心深处就没有真正地理解这个工作的目的与意义，也就没有兴趣主动融入学习和工作中，使执行得不到有效贯彻！这次徒步过程中，我们第一天下来成绩不理想，目标是第18名，实际只得到第29名。我们开会总结得出的结论是，我们高估了自己的能力，对其他队伍也没有充分了解评估。因为没有共同的愿景，所以设定目标时没有制定达成目标需要的策略。我们一致决定把第二天的目标调整为第20名，冲锋队的6人拼尽全力赶超，其余人员不放弃，不丢分！全员必须统一思想，达成共同的愿景，团队才能迸发出最大的力量向前进！

一个人可以走得很快，但一群人才能走得更远！

第二天的行程异常艰苦，戈壁与沙漠路况艰辛，路途又达到了40公里以上。我们队员成群结队一起奔走，过程中相互熟悉，相互介绍分享自己的创业故事和经营方法，使得我们的行程虽艰辛但不枯燥，队友之间感情密切，互相鼓励。作为团队成员，首先要做的就是为团队荣誉而战，互相帮助，坚定目标，拼尽全力一起走向终点。经营企业也是这样的，一个有凝聚力的团队是带领企业发展长盛不衰的制胜法宝！一滴水只有投身于大海才不会干涸，一粒沙只有跻身于沙漠才不会被吹走，一只雁只有排列于雁队才能飞得更高更远，一个员工只有融入团队才能实现个人价值、促进团队更好发展。

相信坚持的力量！集体的信念！

在完成了两天任务后，最后一天我们面临的是伤痛折磨，身体透支严重！我们开会讨论，让受伤的小罗和大哥退出，让鞋子坏掉的大姐坐车。但他们都不同意，一致认为不能放弃这最后的25公里，不论名次如何，只要走下来就是成功！在第三天的沙漠徒步中，大姐用胶带把鞋底和鞋面固定在一起，又用袜子套在外边防止鞋底脱落。大哥带着大姐一起加油走进了沙漠，开启了最后的决战！我和小尤、小夏吃了止痛片，也一起跟着队伍前行。小谷、小鸟和我们并肩携手，坚持，坚持，再坚持！距离终点5公里的好汉坡是我们面临的最大挑战，饥饿和疼痛的身体能否越过全程最大的沙漠山坡呢？我们所有队友都没有疑问：坚持就是胜利，也必定能胜利！平时在家享受安逸生活的老总们组成的橙10战队，靠着坚定信念，一步一步地用了半个多小时爬上了好汉坡！坚持使我们看到了沙漠边缘的终点，我们顿感信心满满，早已忘却

了疼痛与饥饿，加快脚步冲刺。最终我们在14时16分全部迈过了终点！我们戴着奖牌坐在休息处久久不能平静，太感人了！太不可思议了！“相信坚持的力量”，我们此时才真正理解这句话的含义！

只有经历过88公里戈壁徒步的人才更懂得这次团队行动领导力训练营的意义，更会感谢蔡司光学提供的锻炼机会，让我们一生都会回忆这次弥足珍贵的敦煌之旅！愿与蔡司光学，与优秀的同仁们，一群人，共赴远方！

燃烧的“团魂”

蔡司光学　程　林

2021年6月7日至6月9日，看似平常的三天时间，在我的人生中却留下了浓墨重彩的一笔，因为在这三天中，我收获了太多的感动，也感受到了团队的力量，更完成了看似不可能的任务。

三天戈壁之行，说是88公里，字面上看似乎没什么特别，然而只有亲身经历之后，我才真正体会到了这其中的含义，以及坚持的意义。现在的我正手持奖牌，回忆着那些天的点点滴滴。

由于总共有41支队伍，在第一天设定目标的时候，我们凭感觉认为自己是中上的水平，所以设定了第15名的目标。但是从结果来看，我们还是低估了自己，第一天我们的竞速成绩是第7名，不过由于和目标偏差超过了5名，被扣了300分。也正因为这300分，让我们队伍跌出了前10名，仅仅排在第16名。

在第一天，我们队的策略是选出实力较强的6人往前冲，余下的4人在后面慢慢走。看似读懂规则的我们，其实已经在决策上失误了。前面的6人没有问题，一马当先，然而后面的4人在一次次地被后面的队伍赶上并超过的沮丧中，逐渐失去了信心。最终在50号沟通是管理的浓缩。

——（美）山姆·沃尔顿

打卡点，有3人无法坚持，上车了，剩下我一个人继续赶路。这时我才发现自己是多么孤独，没有团队的陪伴是多么落寞。

晚上，我组织大家进行团内分享，这也是大家第一次有效的沟通。时间虽然短暂，但就是在大家敞开心扉的沟通中，彼此有了初步的了解，这也是我们绿8战队形成“团魂”的开始阶段。

第二天我们得知，如果有人觉得无法完成挑战就可以提前退出，不会扣分。我们团队经过商议，认为昨天上车的3人还是比较难坚持下来，所以就主动选择了上车。这样一来，我们就变成了7人团队，形势非常不乐观。因为我知道自己的情况，左脚跟腱炎外加各种积水、各种炎症，最严重的时候左脚连自己的身体都无法支撑，在来戈壁的前一天，我还在医院接受治疗，所以我从一开始就觉得自己是不可能坚持走下来任何一天的。不幸的消息接踵而至，在我还在担心自己脚伤的时候，昨天前面6人小队中的刘杨膝盖受伤了，完全走不了，只能上车保护身体。

此时我们调整了策略，那就是整个团队一起前行，不落下任何一人。我当时就想，现在团队能完成行程的也只有6人了，无论怎样，我都不可以放弃，不能最后因为我而使

团队没有成绩。就这样我们一路前行，在50号打卡点的前半段路程还是比较顺利的。当我们抵达中途补给点的时候，上车的4位队友已经把解渴的西瓜和美味的午餐准备好了，在迎接我们。那一刻我感受到前所未有的关心，似乎也是从那一刻起，所有队员的心凝聚在一起。我感觉到我们的“团魂”在急速膨胀，热烈地燃烧着……

后半段行程最难的应该是大约10公里的沙漠路段。走在沙漠中，我的左脚疼痛开始发作，但我不敢跟队友说，我怕他们担心。同时我右膝盖的韧带处也开始刺骨地疼，这种疼比左脚的疼痛感还要强烈许多，属于刺骨的那种，而且伴随着每一次抬腿、落腿都会钻心地疼。但我的队友没有一个放弃我，郭金生走在前面探路，董振宗陪伴在我的身边，李晓琳时常停下脚步等我跟上。上坡的时候，振宗在后面推我，金生在前面拉我，就这样一直重复着，我也一直在坚持着。其实我知道，所有人经过这么长路程的跋涉，体力早就严重透支，支撑我们继续前行的就是毅力和对团队的责任感。我们彼此鼓励，一步一步走向终点，最终以竞速第14名、总第14名的成绩完成了第二天的行程。

也就是在第二天的过程中，我们的“团魂”开始爆发了，每个人都为团队默默贡献着自己

的力量，每个人都为了团队而坚持！后勤组的队员给完成的选手弄好帐篷里的所有物资，我们进去的时候真的有了家的温暖感觉，这让我感动不已。

后来我一个人默默去了医务室，当我把右膝盖露出来的时候，自己都吓了一跳，右腿膝盖部位和左腿相比已经肿了一倍多。医生强烈建议我退出，因为以那种的病情，再徒步一天，右腿的膝盖就会造成永久性损伤。随后我们团队经过沟通，决定由刘杨接替我进行第三天的行程，王姐作为后备队员，战术不变，还是团队行动。

就这样，第三天我上车了，但我心系我们的每一个队员。在终点3公里左右，我和上车的队友一同等待着其他队友的到来。终于在下午2时30分左右，他们出现了，一起冲线，顺利结束了三天88公里的全部行程，总成绩第11名。

三天的时间，队友们从陌生人到熟人，从熟人到战友，这种变化我看在眼里，更成为这其中的参与者，见证了我们“团魂”的燃烧。此次经历，也会在我的人生中留下浓墨重彩的一笔！感谢你们每一个人的付出，我爱你们——绿8智睿绿洲队！

美哉，敦煌！壮哉，伙伴！

威海吴良材眼镜　刘俊毅

我在格尔木生活过5年，对戈壁并不陌生，对徒步也从不害怕。但对于野外训练营，对于蔡司光学组织的这次活动，我则是完全陌生。不过，当我坐在壮行宴桌前，看到“相信坚持的力量”的口号，我开始热血沸腾起来——这，一直是我的座右铭！

我并没有担心会坚持不下来，虽然是“70后”，但凭借每天锻炼身体的底气，我有这个自信。然而，当看到活动有许多专业人士参加时，我就不再考虑拿奖的事情，只要完成任务就好，只要不拖队伍的后腿就好。

出发时，队长安排我扛旗。在旗子交到我手中那一刻，我心中涌出一股冲劲，觉得我是旗手，应该走在队伍的前面，用旗帜引领队伍。于是我一马当先，猛冲出去。走到40号打卡点时，我才发现只有我一人到达。我只好悻悻地等待队友们的到来，完成打卡任务。吃过午饭后，我又是一个人走着，和队友们越拉越远。我想着在85号打卡点等他

们，却由于我一直远远走在前面，和队友们缺乏有效沟通，不知道80号打卡点有全队合影的任务，导致队伍被扣分。当我在85号打卡点看到队友们远远走来，看着队长跑前跑后，看着队友拖着抽筋的腿走着，我才意识到我错了，我应当为团队发挥更大的作用。我开始帮着体力不支的队友拿背包，扶着腿抽筋的队友，因为我们是一个团队、一个集体，只有我们全体到达终点，才能完成任务！最终，我们竞速成绩是第3名，但是由于一开始定的目标是第25名，再加上各种扣分，最后只排在第11名。

晚上大家做总结的时候，我才知道原来年近60岁的大姐和女安全员一直在等齐队友，所以走到很晚。回想白天队长跑前跑后鼓励大家，这时我才发现一个人的力量是多么渺小。一群素不相识的人临时组建一个团队，相互扶持，虽然在第一天就取得远超预期的成绩，但同时我也看到，由于大家刚认识，并没有真诚地向团队说明自己的能力水平，都采取了保守的方式，制定了很低的目标，最终导致我们的成绩离预估的太远而被扣分。同时，我们没有帮助队友全部完成。想到这里，我暗下决心，明天一定要为这个团队贡献自己的力量！

第二天我们调整策略和目标，让经常锻炼的大姐和年轻的安全员加入，组成七八人的第一梯队，我继续扛旗走在最前。这次我们目标清晰，沟通顺畅，任务分配更加合理。虽然中间经历各种艰险严酷的环境考验，我们第一梯队始终走在一起。最终，我们第2名过线。

在晚上的总结会上，我们制定了新的目标。虽然我们第一梯队取得好成绩，但团队只有7人走完行程。安全员希望除了身体不适的队友，其余人都能走完，不虚此行。大家坦诚地发表了自己的意见，既想冲击一下名次，又想让所有队友都不留遗憾。最后大家各有分工，相互打气，坚定信心。虽然最后一天非常艰难，但最终我们第3名冲线，并完成了10个人走

使小组成果最优化的唯一重要因素是成员能够创造出小组内部的和谐状态。这种和谐状态使小组能够发挥其成员的全部才能和创造力。

——（美）丹尼尔·戈尔曼

完行程的目标！

冲线的那一刻，我看到队友们都流下了激动的泪水。我看到其他队伍都没有马上离开返回酒店，而是纷纷选择等待还没有到达的队友，这就是团队最好的诠释！

此次敦煌之行让我深深体会到团队建设的重要性。独善其身不是生存下去的方式，抱团取暖才是长盛不衰之道！有的人为了集体或努力拼一把，或上车保全集体荣誉；有的人在完成任务的基础上多帮助其他人，大家相互扶持，目标一致、方向一致，发挥集体的全部力量。

感谢蔡司光学给我们这样独特的体验，这必将使我们终生难忘！

看天高云疾沙动，
观夜幕流星璀璨，
望敦煌文化灿烂，
悟华夏精神力量。
美哉，敦煌！
壮哉，伙伴！

团队发展的三个历程

茂名千里眼镜　梁政杰

我第一次接触蔡司这个品牌是在大学学珠宝专业的时候。一般看珠宝玉石的十倍放大镜是几十块钱一个，蔡司的售价则高达399元。我心想，就一个小小的放大镜，有必要卖这么贵吗？后来，我慢慢接触了蔡司的显微镜等光学工具，发现果然是一分钱一分货，成像质量真不是一般货品可比。再后来，我进入了眼镜行业，蔡司也是当之无愧的Top 1。在我心里，蔡司这个名字一直是光学领域的标杆。在我的想象中，一般这类活动都是看看景点，吃吃大餐，想不到这个训练营竟如此不同，真是：蔡司虐我千百遍，我爱蔡司如初恋。

回想这三天徒步，不知是有意安排还是巧合，真有点像一个公司或者团队的发展历程。第一天走的都是平地，大家也兴奋，冲得猛的队员都获得了不错的成绩，有点像团队刚开始野蛮生长的阶段，只要向前冲、开疆拓土就可以。第二天突如其来的沙漠加上第一天带来的伤痛和疲劳，好多团队甚至都没有成绩，这就像野蛮生长后遇到的各种门槛和困难，大浪淘沙般刷下了不少战友，一个人的横冲直撞已经再无法快速前进。第三天大家已经预计到有沙漠，而且成绩基本可知，更多团队的目标是全体人员一起冲过终点，就像发展到团战阶段，统一目标，互相协作，一群人才能走得更远。

分享会上好多队员都说坚持的力量，但是之所以会感受到坚持，应该还有个前提，就是专注。如果我们还是带着手机、刷着微信、打着业务电话，没有了专注，也就很难坚持。相信大家在徒步过程中都遇到不少美景，在平常都会用手机拍摄下来，但是在这样的极端环境下，除了直奔终点，其他影响目标的因素都可有可无了。

第一天晚上的分享，蔡司光学的梁总提醒我们，这次徒步最重要的不是成绩，而是独处的机会。对啊，我们有多久没有跟自己独处了？忙碌的工作、琐碎的家事、娱乐至死的电子游

沙，不及我们满载的希望归途，我们相互搀扶，心连着心低头向前冲；滚烫的沙海，不及我们喷发的胜利热情，我们齐头并进，一步一个脚印完成这一壮举。我号召大家跟着我的步伐，一起高歌，一起喊出响亮的口号，要让大家努力完成这次训练，就算大风刮得满嘴沙粒，我们也不忘呐喊助威。队友冲上来挡在我们的前面，用自己宽大的双脚踩出一个个深邃的沙坑，其他的队友顺着踩出的沙坑艰难前行。就算汗水打湿衣襟，也没有放弃；就算跌倒，也马上爬起来继续前行。每走一段距离，就互相慰问“你还可以吗？”“你还能坚持吗？”；每到一个补给点，都有队友为大家安排饮水补给。我们也在不断地调整前进的节奏，以节省体力。走着走着，我默默地流下了眼泪，不是因为累、苦、热、渴，而是因为队友们坚韧的毅力和对荣誉的捍卫。

行走的每一步自己都能听得清清楚楚。一路走完，如掠过了四季、经历了半生。我们相信，外部越安静，内心越澎湃！这种内心深处澎湃的碰撞，让每一个人真正携手团队，悟出自己！

每个人都应该去趟大漠，去追寻内心中的另一个自己，去体验时间的粗粝感。每一个去过大漠的人，都会有一种不羁的旷达；每一个徒步穿越大漠的人，都会有一种战胜自己的成就感。户外行走充满着挑战，充满着不确定性，在这里每个人都需要面对考验，面对未知的困难，并勇敢前行！在大自然的环境里，人也会变得纯真和简单，褪去面具，大家回归最真实的自我，进行更纯粹的交流！在这个过程中，大家加深了了解，增进了感情。

这是一场荡涤心灵的团队熔炼之旅，是一场血肉之躯的磨砺之旅。

用脚丈量大漠，用心翱翔天际。

团建圈子里有这么一句话：没有什么企业目标，是去过戈壁大漠团建之后的团队完成不了的。

戈壁行，我能行！

如皋曼迪视光　郭永霞

在训练营开营前，我其实心里很忐忑：一切都是未知，天气如何？装备是否齐全？安全保障是否到位？万一途中出现状况怎么办？一会儿想：罢了，不去了吧？一会儿又想：多年的愿望如今就摆在眼前，为何不去挑战一下自己呢？

所有的担忧和犹豫在决定出发的那一刻烟消云散。一种征服的欲望在体内燃烧，金戈铁马，征战戈壁！

壮行宴上，我们看着彼此年轻的脸庞，信心满满，给自己团队取名为“苏大强”。一是希

少几分骄傲偏执，多几分协力同心

周口满意眼镜　陈　征

我喜欢夏季，不仅在于夏日的大汗淋漓、绿树成荫，还在于我的幸运都是在夏季悄悄来临，带给我惊喜，从未缺席。就如此次的蔡司光学团队行动领导力训练营。

到达敦煌的第一天，我的内心装满的只有新鲜！而立之年第一次离开家乡2000公里。尽管内心有所准备，我仍然对热情的敦煌与来自全国各地的400多位视光前辈充满了好奇！

当清晨的阳光洒进房间，我感受到了它的炽热，仿佛跟我内心涌动的热血呼应着。我拿上装备和队旗，与其余41支队伍来到出发地，代表着橙、黄、绿、蓝4个方阵的4种颜色信号弹应声而起！

作为旗手，我自以为当然是要冲到最前面，丝毫没有想到协助与坚持才是胜利的关键。虽然队长给了我建议，但直到全身俱疲我才恍然发现。我的内心充满了自责与后悔。自责于自己的骄傲和高估了体力，后悔于自己的张扬和忘记团队的助力。为了弥补自己的过错，我更

要坚持走下去！

夜晚降临，不过夕阳好像坚持着不想离去。而我却像皮球泄了气，满身的热量跟要逃跑似的与我远离。真冷！此时室外气温27℃，我却瑟瑟发抖。队友投来了温暖的目光，我却不敢接受。回想起32公里路途中队友们的坚持，我更是无比自责！唯一让我开心的是这32公里没有打倒我任何一位队友。年龄也好，体能也罢，平日上个楼梯都气喘吁吁也好，每日以车代步从未锻炼也罢，大家都以坚持作为武器取得了胜利！

天蒙蒙亮，出发的号角已经吹响。黑夜带走了我的自以为是，晨曦带给了我谦逊自知。10公里、15公里……纵使身体七零八散，我也无所畏惧。酷热？疲惫？疼痛？放弃？身体要我放弃，我偏偏要坚持，但内心越要坚持，身体就越是抗拒。坚持，已经20公里了！此时的身体终于向内心低头，疼痛、疲倦都不见了，就像暴雨后的天空，干净得没有一丝杂质！"与世隔绝了？全世界的一切都与我无关，仿佛来到了只有我一个人的空间，地上的每一粒沙子都不再柔软，自己的每一个步伐也都不再沉重。回光返照？"我在心里打趣道！哈哈，不管了，就这么享受地走下去吧。到了65号打卡点终于有队友坚持不住了，肌肉拉伤。我们重整队伍，为了证明自己，也为了不辜负还在前方坚持的3位队友，我们并肩向80号打卡点继续进发。此刻，我深深体会到了现实的残酷。放弃吧，理想是斗不过现实的！翻过沙丘等待我们的并不是终点，而是更高的沙丘！一个、两个，根本看不到坚持的希望。看着其他队伍从我们身边陆续

超越，心里竟然没有一丝嫉妒，或许是自己实在没了力气，也或许是敬佩他们坚持的勇气。我可以不在乎千百个对手，但是万万不能辜负还在前方等待着我的队友，我们一定要在80号打卡点汇合！

冲线的时间即将截止，还有最后8公里。明知规定时间内我们不可能到达终点，但是即便超时我们也要坚持，因为后面还有1位队友孤身一人都未放弃！最后5公里，保障车的收尾工作已经开始。“我们坚决不上车，一定要全部走完，不然我们要后悔一辈子！”队友的这句话，让我内心的波涛再也抑制不住，泪水在眼眶里不住地滚动。泪目或许是大家的不离不弃共同进退，泪目或许是全国465位视光同仁的不懈坚持，泪目更是自己的骄傲被现实打醒。此时此刻，我能做的只有强忍泪水，继续前行！

人生短短几多秋，这样的机会、这样的经历或许今后都不会再有，喜悦与遗憾也都随着昨日的胜利风轻云淡，留下的只有手中的奖牌和美好的回忆。全程88公里虽是终点，却在每个人心里洒下了一束坚持的微光，每个人都会守护着它直到光芒万丈！只是它少了几分骄傲偏执，多了几分协力同心。

与其说是感悟，不如说我希望把这些变成一段故事，伴随我一生！

通过这次徒步，我知道团结协作是以大局为重，虽然分工开展工作，但是我们围绕着共同的目标，即使在出现意见分歧时，也会迅速调整，为实现共同的目标而努力，相互支持，紧密

· 格式塔定律 ·

部分相加不等于整体，整体大于部分之和。

合作，相互配合，做到真正的顾全大局！

俗话说：一根筷子易折断，十根筷子抱成团。一个团队的力量远远大于一个人的力量，一个团队的成绩也远远大于一个人的成绩。团队所讨论的并不是某一个人的贡献，而是每个人在团队中是否尽了自己最大的力量来帮助团队达到最好的效果。

经过这次戈壁挑战，我对团队协作有了真正的感受。在未来的公司经营中，我也得到了很大的启发：要积极培养团队意识，做到真正的团队协作，增加公司团建项目，增加能够互相配合的指标，增加店与店、人与人之间的默契，增加激励员工主动沟通、主动参与、相互尊重、相互信任等政策。通过这次活动，我改变了自己的人生观，也改变了企业的价值观。感谢蔡司光学！

Part 4

逆境寻机

百炼成钢，在挫折中永不言弃

面对困难，是怨天尤人、畏缩不前、一蹶不振，还是展现过人的毅力及勇气，把挫折视为挑战与磨炼意志的机会，愈挫愈勇？

我们的生活总是在不断地遭遇和克服无穷无尽的逆境中度过的。逆商就是指人们面对逆境时的反应方式，即面对挫折、摆脱困境和超越困难的能力。心理学家认为，一个人事业成功必须具备高智商（IQ）、高情商（EQ）和高逆商（AQ）三个因素。在智商相差不大的情况下，逆商对一个人的成功起着决定性的作用。

给自己的礼物

海南精功眼镜　王　艳

敦煌是我一直想去还未来得及成行的地方，沙漠和戈壁也是我一直心生向往、满怀壮志和豪情之地。当听说有机会去敦煌，并去沙漠戈壁徒步的时候，我是没有一点犹豫，很爽快就答应了。这倒是惊讶到了我的一帮相比怕累更怕被晒黑的美女同事们。

我想，这就是给自己40岁之前最好的一个礼物吧！

记得30岁那年，每当听到“人到中年”这句话，好长一段时间，我都不太能接受自己已经30岁了这个事实，感觉自己还没年轻够呢，怎么就已经人到中年了？

2021年底，我即将正式踏入40岁的年纪。如果我能活到80岁的话，是否也意味着人生已经过半？想想又是一阵心慌。所以我想看看，临近40岁的我，体力到底怎样？毅力和耐力到底怎样？还能不能坚持？还有没有斗志？我想证明一下自己。

确定行程之后，我做的第一件事情，就是反复地观看纪录片《河西走廊》，我想多做一些功课，再去与敦煌见面。

我一直觉得，我的内心可能住了一个男人。我对一些挑战自我的、充满冒险的活动有着极大的兴趣和激情，如爬山、出海、攀岩等。而且在此前的大部分体力类活动中，事实证明我的体力都是OK的。所以，我从未怀疑过我会走不下来，更没想过我会中途放弃，尽管我从未参加过类似的活动。大概，这就是相信的力量吧，我觉得我行！

第二天的天气特别给力，没有太阳，有一阵一阵的凉风，偶尔还下小雨。我的状态也是前所未有的好，我丢掉手杖，一路快走，交替着小跑，看着长长的队伍中一个又一个的人被我超过，脚底也不显沉重，反而很轻松。在小山丘上下来的时候，我还能轻快地冲下山丘，甚至还能哼起欢快的歌曲。一个人不知道走了多久，感觉是很长一段时间，很长一段路，而那段时间，也成了我徒步三天中最畅快的时光。那种有目标、有能力、有信念，一次又一次的超越，真的非常好。

快到40号打卡点的时候，我赶上了同队的另外6个小伙伴，与队友结伴同行。我吃完午饭后，不知为何，我的腿特别酸疼。虽然经过短时间的休息，但我并没有感觉到放松，反而觉得腿沉重得抬不起来。我心想，麻烦了。

更麻烦的是，下午一开始，就是沙漠路段。

上午的轻松没有了，阴凉的天气也没有了，小伙伴们都走在了前面，而我的每一步，都需要不断地和自己做斗争。每过一个打卡点，都那么艰难。之前感觉10分钟就能过一个，现在可能需要30分钟才能过一个。

小伙伴们看出我的艰难，轮换着走到后面来鼓励我，怕我落下，更担心我放弃，因为现在冲在前面的就我们6个人，另外的4个人大概率是赶不上来了。不管我现在状态多差、走得多慢，都必须跟着队伍前行。

环境不允许，只能不抛弃、不放弃吧。

过程的艰辛很难去描述，在最困难的时候，小伙伴的一句鼓励，也让我感动得想落泪。其实，不管怎样艰难，我的内心从未放弃，我觉得我肯定可以走完，只是走完的速度而已。就这样坚持着，我终于看到了胜利的曙光，90号、95号、98号、100号！拉着小伙伴的手一起冲线的时候，我真的是被他们拉着走的，一点力气都没有了。

我们得了第7名。

晚上复盘总结，我看了一下手机，53.9公里、67000余步，对我而言，很可能是人生中空前绝后的一天了。大家在商量第三天的安排时，我被安排进了后勤保障行列，让我第三天直接上车，这样也不用扣小组成绩。我没有提出异议，我想看看第三天的状态，我觉得我应该还是可以坚持的。

第三天，我不在冲线行列里。于是我一个人走在最后。开始的时候，我还在激励自己："可以尽量地走快一些，如有可能还可以与队友们一起冲线，也算是为这次的徒步之旅划上一个完美的句号了。"但是差距越来越大了，当我快到60号打卡点时，前面的队友已经快到80号，说已经看到营地了。哎！实在没有机会与队友们一起冲线了，就这样吧，遗憾是注定了。

既然今天已经不能冲线，那我就做一个观光客，好好欣赏一下沿途的风景吧！

在昨天的艰辛历程中，我觉得要是自己一个人，怎么可能走完全程，尤其是后半程的沙漠。然而今天自己一个人走，感觉好像也没有想象中那么难。可能是没有了速度和时间的压力，我可以按照自己的节奏来，心情是放松的。

随着手机信号的恢复，我索性拿出手机，拍拍照片，打个视频电话，让好友一起见证我的沙漠徒步之旅。

看着补给车、救援车在辽阔的沙漠中风驰电掣般飞驰，或平地，或陡坡，我好想也在沙漠中来一场速度与激情的较量。

在后面的行程中，我的心情是平静的。最后一天不能冲线，虽然略有遗憾，但人生又何曾没有过遗憾呢?

戈壁之行，确实是一次灵与肉的洗礼，让我们遇见了不曾遇见的自己。我看到了自己的懈怠和懒惰，也看到了自己的渴望与坚持。我也更深刻地理解了那句话：“亲爱的，这个世界上没有别人，只有你自己！”

随着儿子慢慢长大，在接下来的日子里，我想与我的儿子一起，来一次、两次、三次、更多次戈壁之旅。我们一起领略沙漠戈壁之壮美，一起变得愈加坚强。

相信坚持的力量，也相信相信的力量。

重走玄奘路

潜江静文爱眼门诊 左 越

回味刚刚过去的领导力训练营，真是一次罕有的人生经历。三日之间轻装上阵，在完善的补给保障的情况下体验戈壁徒步，重走玄奘之路的部分路线，映照古今故事。

于内，挑战自身的体力与意志力；于外，体会团队协作与危机管理。

世事无常，常言道“人生不如意十之八九”，逆境常常不期而至。如何使自己具备面对逆境、摆脱逆境以及超越逆境的能力已成为一个重要的研究课题。年轻人在面对逆境与压力时选择“躺平”的问题也屡上热搜。作为一名“85后”，我自认在成长过程中吃苦不多，挫折经历太少，以往谈起“逆境”这个话题总觉得素材不够。

这次徒步中遇到了不少意料之外的事情，尔后不少负面的因素又将我的行程引入了逆境。譬如来戈壁之前完全没料想到的河流，使特意买了更轻便而不防水的山地鞋的我在行程一开始脚就泡水起泡；譬如去补给

站拿水而与队伍离散，尔后越掉越远，终致孤独行军；又譬如沿前人足迹前进，结果被带入陡峭山道小径，直下危险，换道又徒增距离，左右为难。

凡此种种，试着小结一下心路历程，归纳一二：

①逆境不期而至，不可避免。就像前进路上的沙丘，唯有正面应对，攀援而上，才能继续前进。若采取躲避的态度，例如在沙丘脚下转圈圈，到最后就是原地踏步，停滞不前，甚至随着时间的流逝，可能会被沙丘逐步吞没，无路可走。

②办法总比困难多。一定要相信逆境是有办法可以克服或解决的，目前的困苦主要是没有探索到正确的方法，需要再多想主意。在徒步的第三天早上，我的小腿肌肉紧缩，随时会痉挛。脱离大部队后我遇到了教练，学会了针对性的拉伸方法，后面每隔几个打卡点我就整顿拉伸，结果前进步速比之前几天都快，最后是团队第2个到达终点。

③当前碰到的困境，正好暴露了目前的短板。因此只要找到方法战胜之，便可以补足短板，为未来创造更多的可能性。从这个思路延伸，逆境亦是机缘，是锻炼能力与心智的好机会。按旁人的话来说，这次徒步是“自讨苦吃”，那么，徒步中遇到的困难，尽管增加了这个游戏的难度，然而也加大了成功后的奖励与收获。而这又好似一首歌词中唱的那样：

What doesn't kill you makes you stronger.（凡是不能毁灭我的，将使我更强大）

在写这篇小文时，我重新温习了玄奘法师的生平与资料，试着更多地去了解真实历史中的玄奘法师，而非《西游记》中那个唯唯诺诺的唐三藏。

玄奘从长安出发时不过27岁，根据《大慈恩寺三藏法师传》的记载，由敦煌穿过玉门关至伊吾的行程，他晓宿夜行，单枪匹马走了八天八夜。我在地图上估算了一下，约600公里。而由敦煌向玉门关第四峰行进用了三天两夜，约90公里，大致与我们这次的徒步里程相当。

而这，相对于他之后17年的求学归国之旅，也只是刚刚开始。玄奘大师穷其一生所取回的真经并非《西游记》所述的无上真经，而是能消弭当时中土佛教派系之争的《瑜伽师地论》。玄奘回国后即以此为根本，开创了对中国佛教影响颇为深远的法相唯识宗。

因我本身不解佛教术语，很是花了些功夫来理解这些资料。而从中，我也窥得一番道理：客观存在虽不因我们的主观认知而改变，但我们如何来认识事物、感知事物全由我们的主观判断来进行。所以修行之路，首重心性。如果做个比喻的话，同样一幅画，有的人看到的是美好，而在有的人看来则是涂鸦。

而这对近期在不断反思的我来说，是一个很重要的提示。

最后，以一段2011年8月写的小诗作为本文的结尾：

真经不在西天，而在路途；

佛祖不是如来，而是自我。

那成群结队的妖精乃是人心生出来的欲望和执念，

三大徒弟其实是唐僧多面的性格和天赋秉性。

生活平波无澜，

不外人心已死。

你还愤恨，

你还痛苦，

你甚迷茫，

你就是那个时时刻刻跟妖精斗争的取经僧。

你脚下的路，

永远是通向自我的路。

我为什么要来这里？

锦州锦医眼视光　于安琪

“我为什么要来这里？”这是我在这三天两夜里问自己最多的一个问题。

我的父亲参加过戈壁徒步，所以我对徒步的印象就是每日在暴晒之下持续行走几十公里，磨出脚泡、体力尽失。除了身体上的挑战，前进过程中的未知性也给精神带来考验。当自己也有机会参加一次戈壁徒步时，我毫不犹豫地接受了，然而心里也是有些许忐忑的。

第一天大家都精力充沛，很多年长的戈友健步如飞，作为一名“90后”，我自然也不甘落后。到了40号打卡点，我的身体开始变得沉重，步伐减慢，呼吸加快。膝盖不太好的我平日里也很少走路，这样高强度的运动无疑是雪上加霜，我脑海中闪过无数个放弃的念头。

晚上到达大本营，我手捧这世界上最甜美多汁的西瓜，满脑子却是重复着一句话：“我为什么要来这里？”

有三股力量一直在支撑着我：坚持的力量、团队的力量、自己的力量。坚持的力量无形却强大，不是有了希望才坚持，而是因为坚持才有了希望。团队的力量是信念。安全员杨飞姐出发10公里后晕倒却依然坚持；队长何哥用旗杆拉着体力不支的队员前行；两位年纪偏大的姐姐冲在队伍的最前面。自己的力量是后盾，也是灯塔。茫茫戈壁中我才是自己的主宰，没人可以战胜我，只有我自己可以。第一天，我战胜了我自己。

第一天的超负荷运动让我在次日4时醒来时精疲力竭，腿部肌肉无比酸痛，每迈一步都像行走在刀尖上。前晚还跟队长说了多次要上车的我，看到晨曦曙光的那一刻还是决定再坚持一下。从最开始用手杖支撑着，步履维艰走在最后，到逐渐加快步伐、扔掉手杖，不久我就跟上了队伍。

第二天下午是漫无边际的沙漠，难度极大。烈日下踩着沙子进三步

退两步的我，在翻过一个接一个沙坡却仍然看不到尽头时，第一次有了绝望的感觉。我突然想起了父亲曾对我说过的话："玄奘艰苦卓绝西行5万里，只为求得真经；张骞历时13年出使西域，历经磨难。"与他们相比，我现在经历的这些所谓苦难又何足挂齿？此刻，沙漠漫无边际，而我就是"玄奘"，前方大本营里就藏着我的"真经"。我为什么要来这里？来到这里不为徒步，只为修行，修炼心性，修炼灵魂。信念的力量支撑我走了下去，即使鞋里一次次进满沙子，即使双脚早已没有知觉。

在刚过80号打卡点时，我跟队长说："何哥，我知道我今天一定会到达终点。从80号到终点这段路程我一定会非常痛苦，但是我准备好了，我享受和痛苦抗争的过程。"成功的快乐和收获的满足，不在奋斗的终点，而在拼搏的过程，正面迎接苦难的勇气会转化为前进的力量。最终的成功者不一定属于先发者，而一定属于坚持者。

最后一天全程沙漠，依然是延绵不断的沙丘，一望无际的"黄海"，但我却越发期待。忘记了翻过多少个沙丘，只看得见脚下的脚印。越过好汉坡，我终于到达了终点。我这个前两天一直处在落后位置的人，今天

· 逆商的六个层次 ·

自我认知

思考反思

情绪管理

知行合一

精进专注

利他之心

冲到前面并坚持到了终点！从峡谷到沙漠，从日出到日落，三天两夜88公里，没有捷径，没有退路，只有一路向前。

三毛说：“一个人至少拥有一个梦想，有一个理由去坚强。心若没有栖息的地方，到哪里都是流浪。”我们常常在安逸的城市生活中迷失自我，时而缺乏面对苦难的勇气。曾经苦苦追求的所谓“双商”在困境中瞬间失灵，逆商才是解决问题的唯一途径。

作为一名“90后”青年，我们没有经历祖辈建立新中国的浴血奋战，也没有经历父辈开荒时的大起大落，但是我们正经历新时代的变迁。机遇与挑战并存，逆商在成功之路上有着至关重要的作用。

我为什么要来这里？在这里，可以：
追问生命的意义，寻找灵魂的原点；
倾听内心的声音，见证行走的力量；
以行走感悟人生，收获坚毅与勇敢；
坚持自己，不抛弃、不放弃。

三天的行程

大庆眼科医院　李乐乐

戈壁对我而言，一直都是遥远、神秘而又陌生的，我也从未想过自己会参加戈壁徒步这种活动。记得刚接到蔡司光学邀请的时候，我内心是拒绝的，我觉得应该会很累，坚持不下来。后来又觉得去沙漠看看风景也不错，所以我来了。人生就是充满了不确定性。

我们团队有12个人，女生6个，男生6个。出发前队长制定了策略，男生们是第一梯队负责冲刺，女生们则可以是“观光团”，只要坚持走下来就行。第一天上午的路程还算顺利，走在山谷之中，芦苇遍布，大大小小的水坑让我们不得不跳来跳去，增添了不少趣味。一路上，我们还吃着刚来的时候买的杏干。到了下午就不行了，由于前面有队友受伤，我们“观光团”不得不顶上。第二天的路程更是让人崩溃，原计划4时30分起床，结果提前了半小时；每个打卡点的间距比第一天的加大了很多；下午连绵不断的沙丘更让我领教了什么是沙漠。第三天终点前的好汉坡也是让人感到绝望。不过还好，我们还是坚持了下来。

三天的行程，我深深感受到了坚持的力量。真正行走于戈壁时，这条路长到让人几近精神崩溃，长到一旦坐下或躺下就再也没有力气站起来，长到时时刻刻、分分秒秒都在盼望看到营地的帐篷。这种痛苦、漫长的寂寥，只有在茫茫戈壁才能领略到。最终的目标是胜利，而胜利只取决于两个字：坚持。

三天的行程，我深深感受到了团队协作的力量。如果没有我的队友们，我是无法坚持下来的。团队成员的鼓励、协助、关爱、搀扶，促使大家都咬着牙坚持了下来。回到营地，队友们更是相互拉伸、按摩。无论前一天晚上大家怎么累，怎样喊着“明天绝对不走了”，但第二天一起来，为了团队的荣誉，我们依旧精神饱满，整装待发。

三天的行程，我感受到榜样的力量。作为团队中年龄最小的一员，我从前辈们的身上学到了太多的东西。我们队中一位58岁的阿姨自始至终都冲在前面，从她身上我看到了年龄并不是我们放弃的理由，不论什么时候都应该有着一种上进、不服输的精神。也正是队友们这种精神境界，深深地感染了我，让我挑战88公里得以成功。

三天的行程，我感受到逆商的力量。在旅途中遇到不确定情况，我们应该积极面对还是随波逐流呢？事前的准备固然很重要，然而突发事件还是会出现，我们该怎么应对？第一是坚持方向不能改变，第二是以积极心态去面对，第三是要做好备选方案。团队里面不能只靠一个人或者几个人，要每个人都强大，团队才会强大。

三天，在人生的旅程中只是短暂的一瞬。但这三天所走过的路，我感觉比一生所走过的路都要长。戈壁用它的残酷教会我们坚强，用它的广阔教会我们包容。相信坚持的力量，未来我们才会走得更远。

逆境中觉醒，逆境中蜕变

丹阳瑞弗尔光学 陈 刚

沙场秋点兵，五百标兵奔戈壁，蔡司问道正当时。

三天两夜88公里团队行动领导力训练营，穿越无人区太不容易了。按照往常的经验，中途放弃的不在少数，能走完全程的人不会很多。我们队评估了一下，选择的是挑战自己，也就是全队三天连着走，没有特殊情况坚决不上车。苏格拉底说："认识自己，方能认识人生。"人贵有自知之明。

顺境中人们会高估自己而容易狂傲，而逆境中人们又会低估自己而容易逃避。就像第一天一样，天气很好，凉风习习，有些人高估了自己的体能，走得很快，到达终点时腿伤了；有些人平时锻炼很少，面对高强度的连续行走，身体还没有到达极限，灵魂就已经放弃了。我们队长李sir动员的时候很豪气，定目标，定时间，谁谁谁跟我冲，必须这么干。我心想完了，这么长的路不是靠喊的，是靠走的。后来听华姐说李sir本来在50号就要上车了，被她硬拖着走到了75号。尽管这对于平时很少锻炼的李sir来说也是突破了自己，然而我们还是在第一天就失去了队长。

杨总接过了队旗，和丁总、鲍医生、孙姐在第一梯队前进。佳佳美女也很厉害，一直在不停地行走。安全员贵哥在后面陪伴着我和华姐。博士磊哥教会了我如何在行走中做简单的拉伸。每个人都很努力地默默为团队付出。

徒步路上有和你并肩前行的队友，有保障你前进的后勤团队。他们是你前进的动力，也可能是阻力。这次的规则是团队中有6个人一起到达打卡点才能打卡和记录成绩，这让我们每个人都有了集体荣誉感和走下去

如何做到坚持不懈？要树立必胜的信念、要学会自我安慰、要学会自我疏导。

的信念。但是凑足6个人就有成绩，这等于又给了一些人放弃的选择，把希望寄托在队友身上，这也是团队失败的致命原因。而一路跟随着的医疗保障车，除了能给予补给和治愈伤痛，还像溺爱你的父母一样："孩子，走不动就算了吧，放弃吧，不用拼命的，这只是个模拟游戏而已。"这些温柔而又熟悉的话语让你在逆境中枯萎。殊不知，这戈壁沙场就是小型的模拟人生场。一个团队在面对逆境的时候总要有人出来挑大梁，总要有人出来奉献和牺牲，这个人会是你吗？

逆境中的孤独和绝望除了要靠毅力和永不服输的品质，还需要点心灵鸡汤来克服，就像第二天死磕13个小时到达终点的自己。从凌晨4时多起床夜行开始，我就发现脚跟部位伤了，只能一瘸一拐地走着。孙姐看着我痛苦的样子，就叫我上车。我没有说话。中途她们陪我找医护人员要了个创可贴，贴上后，脚跟和鞋子摩擦更痛了。怎么办呢？我发现只要一路小跑，疼痛感就会弱一些，那就跑吧！吃过午饭，我找医护人员把脚跟消毒，再换了个创可贴，然后继续往前走。50—73号这段路程全部是沙丘，我一个人孤独地翻过一座又一座无情的沙丘，怎么也追不上队友，没有尽头的沙漠让我内心无比绝望。回头看，每过一座沙丘就有一批人上车，我心想，我不能跪，我还要回去吹牛呢！看到别人都放弃了，我内心还是有点小骄傲的。终于在69号打卡点我追上队友孙姐和杨总。我在80号打卡点，又追到了贵哥，他惊问：“我以为你上车了，你咋追上来的？”鬼知道我是怎么过来的，反正打死不上车，追队友真能忘了疼痛。一吹牛，脚又开始疼了。从80—100号，我心中想放弃的念头不会少于20次：“我是谁，我从哪里来，要到哪里去，我要上车；别人有天赋，我没有，我要上车；团队在等你，要有信念；不要和我谈信念，我要上车；那我有什么，我有小宇宙，对就是那个吹牛的梗……”

博士磊哥说，既然来了就不要留遗憾，走没走完全程，回去地位可能都不一样了。累得连篝火晚会都没参加、大睡了一觉醒来的我想了想，既然到这份上了，还是得接着走，爬也要爬到终点去，不然回去对公司没法交代呀。我们公司的精神是“团结拼搏、坚持不懈、自加压力、敢于争先”，我必须高举着这面大旗走进终点大本营。还有我回家对儿子也没法交代呀，如果他问我走完全程了没，我难道要说这次是旅游观光团吗？我要把奖牌挂在他床头，告诉他，他爹是怎么做事的，嘿嘿！就这样，第三天我心中再没有一秒钟有想过要放弃，小宇宙里也多了一抹金色曙光。

成绩不重要吗？重要，现实很残酷，现实会排名；不重要，更重要的是要有坚持不懈、勇于挑战的精神。如果你的人生一直顺风顺水，那么你一定要来这无情的戈壁沙漠看一看，看看绝望的自己面对随手一招就能结束痛苦的保障车时，你又会如何去做抉择？

最后我要感谢我们蓝2队所有人，我想对你们说：没有团队就没有成绩，每个人的能力不一样，你或许不是最强的，但一定要有战胜自己的勇气；每个团队都有优劣势，选择了就不埋怨，不抛弃、不放弃。再回首，不遗憾，有故事，有期待。

逆境亦是生活

内蒙古视康光学　毕于河

人生在世，若没有躺下来混吃等死的勇气，就该承担起波折的人生，迎接不一样的日出日落。

2021年6月，我应邀参加这次训练营。我当时的想法就是过来玩玩，能走下来就走下来，走不下来就上车，看看沙漠的风景，看着别人的拼搏，也不失为是人生经历中的一种享受。6号的时候，我还在嘻嘻哈哈地跟大家一起欣赏敦煌月牙泉的美景，和同伴们玩玩闹闹的，把这次徒步当成了一次普通的旅游。

一年没几场雨的敦煌，在我们出发前下了场不大不小的雨。我们小短腿的戈友学着“大长腿”们在水沟旁蹦跶着，开始不到一个小时，鞋子就进水了。于是，第一声退堂鼓开始敲响了。

到11时，我还在想，我们队后面的队友怎么走得那么慢？前面的队友都不知道跑哪里去了。自己算了下，糟了，好像后面的人比前面还要多。于是，为了让前面的队伍凑够6人，我开始加速追前面的队友。但是，打卡点和打卡点之间的距离感觉好远啊，前面的队友我怎么都追不上。于是，第二声退堂鼓敲响了。

中午吃饭前，我终于追上了前面扛旗的两位老大哥。作为年轻人，我感到挺羞愧的。我当年也是学校里能跑15公里的角色，怎么就不如这些岁数大的老板呢？于是，下午开始，我扛起了队旗。为了让大家都能看到，我在前面始终让队旗迎风招展，其实也有一点辛苦。我给自己灌了一口“鸡汤”：扛旗可以加buff（增益效果），队旗的buff是增加5%移动速度。终于，第一天顺利撑下来了。但是休息一会后，肌肉的酸痛和队友间对第二天的放弃想法动摇了我。于是，第三声退堂鼓敲响了。

夜晚，我抬头仰望星空，凝视着星空之美。我想到了同在一片天空之下的古人，他们走丝绸之路是怎么走过来的？想着想着，突然发现，我们是不是过惯了舒服日子，忘记了父辈为了

我们安逸的生活所吃的苦了？我爷爷当年靠着一辆牛车，把全家人从乌鲁木齐带回湖北老家的事情，那是奶奶在我们小的时候经常给我们讲的啊！他们那么苦那么难都能熬过来，我这点路算什么？于是，我开始坚定了一个想法：我要走下去，只要不是心脏受不了，我都会走下去。

这次徒步对于身体来讲，是一次历练；对于心灵来讲，也是一次历练。我们在舒适圈待得太久了，都快忘了在需要全力以赴才能克服的逆境下，应该怎么坚持。三次退堂鼓，最后还是没能阻止我迈下坚定的步伐。

初中政治课让我们相信“我能行”，我至今还记得。只要我们有勇气面对，敢于迎难而上，我们终会走到胜利。不积跬步，无以至千里。人生哪有那么多的一帆风顺，只是前人替我们扛起了太多，才让我们在大树下面少受风雨而已。太阳有升起有落下，才造就了一天各个时间的美。人生亦是这样，有各种不确定性，才造就了每个人的独特之美。

最后，祝愿大家在逆境之时，都能想起今年的口号“相信坚持的力量”，去挑战一切不可能的可能。

> 所有逆境确实都是让灵魂成长的机会。
>
> ——（美）约翰·格雷

最后一名

北京博嘉亮 徐景华

世界是运转的，每个人随时都可能进入逆境。有的人不知所措、坐以待毙，永远走不出阴影，只有落寞和悲伤；有的人在逆境面前选择坚强，不论遇到怎样的挫折，都绝不让眼泪往下流，勇敢地向困难宣战。有人说："今天是残酷的，明天是美好的，但人们往往葬在了悲惨的昨天，永远看不到明天的太阳为你升起。"只有在逆境面前选择坚强，才能迎接美好的明天。

随着一声烟花的炸响，400多人的队伍浩浩荡荡地出发了，仿佛一条巨龙苏醒了一般。我紧跟着队伍，努力迈着双脚，目光坚毅地望向前方。渐渐地，"巨龙"离我远去，好像在对我说："你好慢，我先走了。"身边也慢慢出现了其他队伍的戈友，好像也在对我说："你好慢，我先走了。"我失去了勇气，落在了队伍的最后面。我看不到前面的人，倒是后面跟着十

几辆车和一群摄影师，摄影师还调侃拍我，说我的照片可以做一本相册了。走着走着，我还遇到路边坐着一位姑娘，她说不想走了想放弃了，我笑呵呵地说："起来我们一起走，我们是最后一名了！加油！"忘记了路上遇到了多少人，重复了多少次鼓励的话语，但是我记得我们是最后一名。

第二天，我是主力队员，负责冲锋的。早上我抬起了高傲的头颅，昂首挺胸走在了队伍的前面。午饭后，我的膝盖"投降"了，我失去希望了，在我眼里世界失去了颜色。医生说有止疼药，我吃了就走，追击希望去了。12时52分进入52号，17时36分走出72号。那是我挥之不去的记忆。走着走着，我独自变成了最后一名。在沙漠的沙沟里，我看不到前方和后方的人，炎热的太阳让我出现了短暂的幻觉。那一刻我害怕了，害怕晕倒在沙漠里，害怕没有人发现我，周围太安静了，安静得可怕。翻过那个山头就有希望了！一路上我遇到了很多人，多得我都记不清楚了，他们给了我很多鼓励，让我还能勇往直前！

第三天，还是看不到尽头的可怕沙漠，那种体验这辈子都不会忘记！但是我无所畏惧，虽然我还是最后一名，不对，是最后四名，坚持不上车的最后四名。那一天是我第三次见到收旗帜的大叔。我呵呵对着他笑，他也对着我笑。他知道劝不动我，动摇不了我，何况我们有4个人。

生活中，难免会有许多难过、不快的事情，不应该无助地哭泣，毕竟“眼泪无法洗去痛苦”，应该要微笑着以坚强的意志战胜挫折，才能拥有快乐，看到希望。

人生如逆旅

北京宝岛眼镜　张志强

人生如同逆旅，成功者都在逆流而上。何以成，何以败？有毅力者成，反为之者败。打败你的不是逆境，而是面对逆境时消极的心态。此次训练营就完美地诠释了这个道理。

在美好的想象中，我们开启了蔡司光学团队行动领导力训练营。四大方阵，41支队伍，465位戈友高举旗帜，迈着强健的步伐，奔向梦想中的戈壁。对于此次徒步，大家都信心满满，觉得可以走完全程。但第一天有些戈友对环境没有做好预判，导致无法完成任务。

第二天，很多人对路程难度的预判出了问题。走不完的戈壁、翻不完的沙丘、看不到终点的迷茫，肌肉疼、脚起泡，坚持还是放弃，内心的痛苦的挣扎。我们真实感受到身处逆境以及对未来路的不确定性，有些人再次选择了放弃。

第三天，有些戈友开始总结前两天的问题，重新定义戈壁环境，对环境的不确定因素做出了调整，调整心态，超越并战胜了自我，最终交了一份自己满意的答卷。

作为企业的主管，我们对环境的动荡以及不确定性因素要有精准的掌控感。首先思想上要相信坚持的力量，再

· 逆商的 CORE 要素 ·

Control 掌控感

Ownership 担当力

Reach 影响度

Endurance 持续性

糟糕的境地，也总会找到一点点可以掌控的部分；其次要审时度势，重新定义新的环境，敢于担责任，要能承受环境带来的痛苦，并找到突破口；最后要评估逆境和不确定性产生的因素，积极采取行动将其掌控，不要怨天尤人。

正如戈友庆功会上蔡司光学杨晓光总经理所讲：“顺境易铸大错，要做好防范；逆境易止不前，需大胆创新。”

感谢蔡司光学安排的这次旅程，让我们真正体验到什么是逆境，什么是不确定性，对我们未来的工作、学习、生活，都是一笔宝贵的财富。

Part 5

体验学习

履践致远，在历练中领悟真谛

人生来就被自己的实践体验所包围，来到世上，我们所体验的就是酸甜苦辣、五味杂陈的精彩人生。

人生由我，成长无界。生活就好似一场修炼，在一次次体验式学习中，我们主动沉浸，完全投入，在实际体验后进行多角度的观察和反思，通过分享和归纳总结，抽象得出概念和理论并在新的环境中进行应用。我们在当中经历了什么并不重要，重要的是这些经历给人怎样的体验，留下了什么样的印记。人总是带着印记继续去经历，去成长。

在行走的路上，我们已创造奇迹

长春王鹏眼镜　林　艳

戈壁沙漠过去是存在于历史的丝绸之路中，在气势磅礴的电影制作中，在唐诗宋词中，在金庸的小说中，这一次却真实地在我的身边、在我的脚下。置身其中，我切实地体会了“大漠孤烟直，长河落日圆”之景；“云阴月黑风沙恶，沙翻大漠黄”之状；体会了行走在沙漠中的那种远方还是远方、沙丘还是沙丘的无望又有望的切身之感。

蔡司光学用体验式学习的方式训练大家的领导力、团队协作和责任与担当的能力。戈壁挑

战每一天结束后，我都会写日记，有两天是在帐篷中借着微弱的光写的。从日记的字数中就能看出，到第二天时我基本上是无力气去写了，但自己来之前定下了每天要写日记的目标，所以一定要做到。

第一天的戈壁徒步算是“小试牛刀”。人生第一次在戈壁走了30公里，当走到终点的那一瞬间我流泪了，那种心情真的很激动，觉得挑战自己成功！感谢蔡司光学的安排，感谢王总一路的陪伴！

在对团队成员都不是很了解的情况下，只能按照各自的情况去走，但这一路上，我感受到了队长和安全员的担当。队长一直在队伍后面照顾落后的人员，鼓励他们一定要坚持走到终点；安全员为了完成任务，既要组织好能到达终点的人，又要组织前六个人共同完成目标，让我感受到了团队的力量。我们团队有个相对年轻的小伙子，体重相对重，我们预判他很难坚持到最后，但他走完了第一天的全程，我们特别为他高兴。对年轻人而言，这种磨炼意志的事更难，因为他们还没有真正理解耐力与意志对成就事业的重要性。

戈壁第一天的经历再次证明人的潜力真的无限，你一定要不断地挖掘；同时，目标

非常重要，如果没有特别明确具体的目标，大家一定不会有这样的结果。越接近目标，坚持的力量就显得越重要！相信坚持的力量！

第二天可谓是突破自己的一天。我凌晨4时起床，5时多出发，用时11个小时走完36公里的沙漠之旅。如果不是有王总的陪伴，有团队目标的责任，我真的很难走到终点。这个艰难的过程来自炎热天气，来自沙漠路线。走一步需要退半步。徒步的目标36公里，但沙漠中的翻山越岭不是用距离来丈量的。真是太超越身体的极限，但我还是庆幸突破了自己。当我代表团队分享时再次激动地流泪，这种人生经历以后很难再有了。与其说是相信坚持的力量，莫不如说是用事实证明坚持确实力量无限！

从每天的距离安排来看，第三天是安排的最短距离22公里，然而这22公里走下来的难度简直不知道用什么语言来形容。最后一天所有的路程都是沙漠，不是平坦的沙漠，而是一望无际的起伏不平的沙漠，一眼望不到边，沙漠与天连在一起。只要眺望远方就觉得没有尽头，怎么都走不完，这种沙漠行走的难度，没走过的人是无论如何都体验不到的。身体已经到了极限，但大脑还没停止思考。当时脑袋中想的还是跟目标相关，还想着如何完成那样一个看起来实现不了的目标。只要做好分解，看着脚下一步一步地走，终将实现穿越的目标。

沙漠行走的最后一天，身体已到极限。前两天脚上已经伤痕累累，我带伤行走，不知不觉中脚踝又伤到了。我们就是靠信念一步步走过来的，信念一旦没了，人瞬间就崩溃。这种体会只有经历过才真正懂。长征一定是在这种精神的支撑下，才可以完成的，不放弃。

遗憾的是，最后一天我们没有按照预定的时间到达终点，但我们团队中的每一个人都坚持到了最后。伙伴是可以让你走完全程的关键，团队是要做完这件事的责任和担当。相信坚持的力量，用实际行动证明坚持力量的结果。

沙漠行走是一次身体和灵魂的洗礼。身体一遍遍地叫停，灵魂一次次地告诉我们“坚持坚持”。那一个个写有数字的旗杆让我们清楚目标在哪里；一直陪伴、鼓励、搀扶我们的人让我们知道什么是伙伴；那一个个打卡点和终点的冲刺让我们懂得团队的意义；一次次哭泣再站起来行走让我们明白信仰的力量。

所有的行走都是疲惫和艰难的，但每一次到达终点的那一瞬间的泪水和欢愉是那么刻骨铭心；所有的行走都是单调乏味的，但队友的默契合作、同行者的鼓励，还有那些无私奉献的人，让我们明白了什么是人世间最温暖的情愫。

多少次，想放弃；多少次，又坚持下来。相信坚持的力量，我们已创造奇迹！

· 体验式学习的过程 ·

体验：完全投入实际体验

反思：多角度的观察和反思

分享归纳：通过分享和归纳总结

理论：抽象出概念和理论

应用：在新的环境中进行应用

有些路，走过来才明白它的伟大

南昌雅典娜眼镜　曾莉萍

戈壁徒步回来不到一周，手机里的照片、各位行业同仁的感悟分享，让戈壁的烈日、沙尘，行途的艰难，戈友的相互鼓励……一切都浮现眼前。

88公里三天两夜的徒步挑战，我们团队共用时25.5小时，比前3名团队的19小时的用时多了将近一天，但于我而言这绝对是一种超越。

戈壁徒步时，我虽然没有很强的个人能力，但每一天我都在尽力而为。最后一天的沙漠行程，前半程我紧跟团队，用适合自己的节奏在沙漠上疾步行走。行至好汉坡下，我发现面临的挑战变得越来越大。正午的阳光把脚下的沙烤得发烫（为了减少在沙地中行走的阻力，我一直是穿着袜子行走），我被迫坐下来穿上徒步鞋勉强上路。沙地爬坡时我走一步退半步，心里七上八下，但我明白退是不可能的，唯有前行。正巧与我超有缘分的黄9队正整齐匀速地行走在我前面，他们中大部分都是女生，两位男生一前一后默契地引领和护卫着大家。踩着他们的脚印的我，不再自寻烦恼地遥望仿佛远不可及的峰顶，而是默默低下头看着每一个脚印机械地重复前行。突然迎来了一阵清凉。“快把衣服拉链拉下，赶紧补水……”坡顶的保障人员一边帮我们喷水降温，一边大声地提醒。好汉坡！我终于上来了！不知道是风沙吹进了眼睛，还是终于立足沙漠顶峰的感动，我的眼泪不自觉就流下来了。脚下是接近垂直的高坡，看着身边的小伙伴一个个滑下去，我有些恍惚。人的一生总会遇到一些人陪你走过一段路，但归根结底，很多困难终归需要自己独自面对。好汉坡的风景美不胜收，垂直的“滑道”也别有一番风味……

此时此刻，我脑海中还在回放着在戈壁里的一个个片段：抬头是漫漫蓝天，脚下是苍茫大地，风沙在耳边呼啸，自己的呼吸声比任何时候都清晰。

有些路，走过来才明白它的伟大。感谢蔡司光学让我的生命有这一次极致的体验，未来的路，即使有再多艰难险阻，我的内心也将更加坚定。

回顾走过戈壁的一个个片段，身体力行后，我的感悟大致可总结为以下几点：

一是梦想半径取决于眼界与胸怀，体能和健康是动力来源。坚持锻炼身体将会是我接下来的每日功课。

二是养成反思总结的习惯。戈壁徒步的路就像人生的路：一切都是未知，戈壁，山丘、崎岖沙漠……有人走直线，有人沿着旗标按部就班走……没有最好的选择，只有不停调整自己的呼吸和心态，才能找到适合自己的前行步调。要通过实践来体验，反思、分享归纳，理论，应用，实践出真知。

· 库伯学习风格清单 ·

发起、体验、想象

行动、平衡、反思

决定、领会、分析

三是相信坚持的力量，相信相信的力量，任何时候都能熬得住。大部分时候没人能帮你，戈壁徒步里每个人都很困难，别指望依靠别的伙伴来扶着你走完全程，因为伙伴也很辛苦，困难还得自己去解决，熬过去就是胜利。坚信目标，初心不改才能熬过去。

四是付出，这是团队凝聚的核心，每个人都愿意付出才能成为团队！一个人可以走得很快，一群人方能走得更远！

五是目标分解，团队共识，保持沟通，相互扶持鼓励，彼此成就，在生命旅途中，每个阶段都是修炼自己的道场。

敦煌，这个我从小向往的千年古都，河西走廊，丝绸古道，千年商脉，张骞从这里开始凿空之旅；班超兄弟从这里出发平定西域；鸠摩罗什从这里进入中原广传佛法；玄奘从这里出发求取真经……这条由无数人的信仰与梦想凝结而成的路，这条承载我三天两夜汗水、泪水、激情、勇气、纠结、彷徨、醒悟的88公里的路程，照亮了我信心与决心，盲点和弱点，让身处交叉路口的自己更有前行的动力！

昨日已成过去！今天将更坚定！明天会更好！

走出讲堂，体会征服的魅力

天津市眼科医院视光中心 刘 杨

2021年6月7日至9日，在这本应该是全国高中毕业生最紧张的日子，我和另外两名同事有幸参加蔡司光学举办的领导力训练营。戈壁徒步88公里，这看似和领导力学习毫无相关的活动却使我对团队及领导力有了全新的体会。

我们3名同事与另外7名业内同行组成了一支临时的团队来完成这场挑战。由于是新组建的团队，各队员之间相互缺乏了解，所以我们只能通过我们的年龄情况。大家的运动背景以及对其他队的观察来预估名次。显然我们低估了自己的实力。在第一天行程结束时，我们以6小时30分的成绩冲线，排名第7，却因为比预估名次高了8名被扣了分，后退至第15名。面对这样令人无奈的结果，大家深刻体会到，整个团队的成功光有冲劲是不够的，还要有合理的预见

性，以及对环境的了解，过于乐观或悲观的目标都会影响最终的结果。

在经过短暂的四五个小时的睡眠后，第二天一早4时半，我们继续披上战衣，背起行囊，在戈壁璀璨星空下开始了第二天的征程。经历完第一天的行程过后，每个人都是身心疲惫，不足五个小时的睡眠根本无法使人完全恢复体力。大家都艰难地行进着，但是谁也没有放弃。团队里每个人都表示，只要时间够，即使慢慢走也要坚持走完全程。事后我们仍然对当日团队的表现、每个人的伤势情况以及其他队伍的现状做了分析和总结。这一天的行程无疑是三天中最辛苦的，尤其是后面的沙漠部分，是对个人意志力的巨大挑战。眼前的一座座沙山好像人生中面对的一个个难题，而终点却不知在何处。余下队员凭借挑战自我的精神，以及对于集体荣誉的责任心，在相互鼓励、相互帮扶下伤痕累累地完成了全程，即使中途退出的队员也都力所能及地为参加活动的队员做好后勤工作，等候着他们的归来。

第三天的路程看似比前一天短，但是沙漠的上坡地形其实并不简单，尤其是在炎热的天气下，走在松软的沙地上，真是一步一印。最难的部分莫过于最后的一个被称为“好汉坡”的沙山，走在陡峭且松软的沙坡上，迈一步退半步，但是这一切艰难在整个团队强大的意志力下，以及团队合作精神面前都被接二连三地征服了。在整个行进过程中没有一名队员被落下，大家都互相陪伴，爬山时相互搀扶，在艰难行进的过程中互相鼓励，加油打气，让我不禁想到，如

行动源于思考，而思考源于体验——我们不能从书本中去了解人类。

——（英）本杰明·迪斯莱利

果没有团队的陪伴与支持，我一个人是不可能完成这项挑战的。最终在顽强的毅力下，最后一天参加徒步的队员都一起顺利冲过了终点。三天全程我们也拿到了总名次第11名的理想成绩。

这次活动深深改变了我，它不像往常培训那样坐在教室里，看着课件听讲师讲课。领导力训练营没有课件，没有茶点，甚至没有休息的时间。这次戈壁之旅，首先我意识到平日坚持锻炼身体的重要性，身体是一切努力的基础，有健康的体魄才能完成伟大的挑战，不然只会心有余而力不足。其次，团队要想在竞争中脱颖而出，不能只靠一个人的拼劲，也不能只靠一个领导努力，只有靠团队里所有的队员拥有共同的目标，并且各自发挥各自的优势，各司其职，才能共同完成一个项目。在我们这支临时组建的团队中，队长起到了重要的组织作用，并且有着强大的执行能力。当有队友落后的时候，队长会返回来鼓励落后的队员，并在需要的时候伸以援手，因此他成了整个团队的精神领袖。体力最好的队友也完全没有一个人冲在前面，而是为体力较差的队友背包，保证自己能够完成挑战的同时也会力所能及去帮助其他的队员。我们这个团队虽然不是最年轻的，不是体力最好的，也没有之前参加徒步的经验，但是我们都有共同的目标，都有集体的荣誉感和责任心，这样一群志同道合的人组在了一起，才有了我们最终的这个成绩。日后，在团队建设当中，我也要学以致用，做好团队的核心人物，激励发挥每一个团队成员的优势，打造高效的团队来应对当今复杂的营商环境。

相信自己，你的潜力无限

柳州奥康眼镜　陈玉江

古人云：读万卷书不如行万里路。他们早早地就告诉了我们，实践才是成功的唯一途径。

一个偶然的机会，我知道了蔡司光学举行的这个活动，恰好公司原来的同事由于个人原因不能参加。于是我主动请缨奔赴大西北——敦煌。

6月5日，行程安排得满满的，一路的风尘。我从郁郁葱葱的“绿城”南宁飞抵了“沙洲”敦煌。这就像是两个极端世界，兴奋、激动、期待、美食、表演。品尝完美味的牛肉面后，我们就来到距离城市最近的沙漠——鸣沙山月牙泉，即将开始领导力训练营挑战之旅。

全副武装的我们在礼炮的欢送下开始了我们真正的行程——三天两夜的88公里徒步。第一程，溯溪！刚开始感觉好像很简单，出发的路上大家都是欢声笑语。但是慢慢地，队伍被拉长了，小溪逐渐消失，芦苇变成了骆驼刺，眼前剩下的只有无尽的戈壁，脚步开始有点变重了。

第二程，40号旗！我们疯狂地冲向了打卡点合影，然后继续前进。只是脚步更重了，频率更慢了，大家也很少交谈，可能说得最多的就是“加油”“坚持”。保障车上的护士和司机大哥都会对我们竖起大拇指：“加油。”艳阳、沙暴、小雨，第一天的沙漠尽情地展现了它的多姿多彩，但是我们却变成了一群“不解风情的负心人”。累、渴、疼，眼前看到的除了戈壁还是戈壁，号旗后面还是号旗。还好大家都是一起走，同伴之间的相互鼓劲、加油、协同、互助，一次次激发了我们的潜能。此时的我，感受着脚下的沉重，伴随着同伴的鼓劲，终于深刻理解并体验到了：就像杨总所说“一个人也许可以走得很快，但是一群人能走得更远”，也许就是完成目标的信念、同伴的相互帮助，才是我们能坚持走到终点的动力。这就是团队的力量。

6月8号是灾难的一天，真的。经过第一天的行程，大家多多少少都有一点心理准备，但是这一天的行程真的是太长了。据戈友的统计，这一天我们走了43公里，中间还穿越了5公里的沙漠。戈壁虽然远，但是你可以看到终点方向和位置，而面对绵绵无尽的沙漠，你走过一个，前面还是一个。更让人绝望的是，深深的脚印让体能消耗得更快。由于我平时缺乏运动，第一天脚就出现了水泡，这一天我能够很明显地感觉到脚下不同位置上的疼痛的区别，又累又疼。

我一次次地对自己说：上车吧。可是当我看看周围的同伴，特别是同行的女生，她们也都在坚持。我不说比她们强，但是至少不能比她们差。我放缓了脚步，感受着脚下的疼痛，用疼痛忘记疲惫，想着走一步、近一步，坚持，终点就在前面！第二天走完全程的人都是勇士，包括我自己。然后在营地里大家一起走起了如同“丧尸”般的步伐。

最后一天的行程，最困难的是后面的沙漠挑战，特别是好汉坡一段。走到终点的时候，我坐下后都起不来，但是我坚持走完了全程，88公里。

在行程之初，我对自己和同事说，每天30公里“小意思”，但是实际走了之后才知道：这也许对别人来说简单，但不是每一个人都能走完。途中有无数次想放弃，感觉已经到达了极限，但一次次的坚持告诉我的是：坚持前行，相信坚持的力量，你的潜能无限。

我相信人们是通过实践来学习的。这意味着，无论是通过练习舞蹈去学习跳舞，还是通过实践去学会生活，其中的原理是一样的。无论是身体上的还是智力上的，它都是精确而专注的行为表现。通过上述练习，人们可以获得某种形式的成功、良好的感觉、精神上的满足。

——（美）玛莎·葛兰姆

生活的真谛来源于践行

福州凯宏眼镜　陈长扬

人生的玩法有很多种，挑战自己的这种玩法还是我首回尝试。走到终点时，如果有人问我还会来戈壁徒步行吗，我肯定毫不犹豫地说："坚决不会！"然而，静心想后，现在再问我同样的话，我竟产生了一丝犹豫……

我一开始筹备戈壁行时，心无波澜，88公里而已，没什么大不了的。内心的自信愈加坚定。殊不知，未来三天我是怎样艰难度过的。坚持的力量无懈可击，这是痛并快乐的领悟。

我们团队的分工合作，从接到指令计划分工，再到执行最后总结改善，环环相扣，人各有所长、各有所短的道理在这次行动中体现得淋漓尽致。12人的团队中，从"60后"到"00后"，大家都尽情发表了自己的看法，一起商议此次的行程。在前辈们的安排下，我们很快地把事项分工妥当。我在队里负责心理辅导，激励团队。首日徒步行的帷幕井然有序地拉开，轰轰烈烈的气场，我们一行人浩浩荡荡地向着戈壁出发！

在徒步行的过程中，我感受最深的就是要沉稳。在首日，大家状态都很棒，顺利取得当日预估排名。当然，顺利的过程中也有插曲，担任心理辅导员的我成了那个需要被辅导激励的人。在过了80号点后，我的右脚抽筋疼得厉害，硬生生强撑着左腿拖右腿坚持走到终点，与小伙伴们完成打卡。同队伙伴的稳定发挥使我们顺利达到首日的目标，谢嘉诚甚至整整提前了40分钟到达终点等我们。他们的稳定发挥和默默前行真的都很优秀！这就是大家日常兢兢业业、默默努力付出的工作状态！这种脚踏实地、不骄不躁的沉稳，才是最真。

保持心态平稳的同时，还要学会迎着困难坚持。第二天35公里的行程中，静语夜行的5公里我硬抗了下来，而且又是凌晨4时多起床，5时多出发，我的右腿除了疼还是疼，都不敢踩地，位置也从在队列里一直落在最后，我内心是崩溃的。正式开始第二天行程后，我最终只走

> 当我回顾过去时，我非常欣慰在我们的生命中存有一个信念，即生命中所发生的一切事物，或好或坏，都是学习体验。如果你把这些都当作学习体验，那么你可以将所有糟糕的事情变为积极正面的事情。
>
> ——（加）尼夫·坎贝尔

了两公里还是没能扛住，上了车。上车后我内心是煎熬的，对右腿的不争气是无语的。苏大强队的旗手那矫健前行的步伐甚是让我崇拜！还有很多一路稳步前行的戈友。我心里估量着，一定要挑战自己，坚决不能让自己拖后腿！我做各种按摩、捶打。稍微缓解疼痛后，我与同在车上休息的家坤弟弟毅然下车，继续拖着沉重的步伐前行。两人互相鼓励，走走停停，转移视线，欣赏沿途大漠光景。到70号点，家坤弟弟由于体力不支再次上车。我失去了一起鼓劲的同伴，独自前行，一路靠双杖的陪伴。在努力前行的过程中，我逐渐忽略了右腿的疼痛，内心有种说不上的快乐，感觉没有什么快乐能与此时的努力、坚持相比。我顺利走到了80号点，在这里等着蓝6队的伙伴一个接一个地抵达，每看到一个我都无比快乐地欢呼！依然是稳健前行的胡姐、胡哥、关总、小傅、谢嘉诚……虽然因为中途上车导致当天的成绩被取消，但我们还是坚持下来了，取得预计的目标名次。

只要路在脚下，终点就离我们不远。很多人对最后一天好汉坡的难行深有体会，对于三天下来筋疲力尽的所有戈友来说都是巨大挑战！我不敢看终点，觉得路太远，我只看脚下，因为我一直认为路在脚下，只要一步一个脚印，每走一步终点就近一步！就如我们的工作，只要坚持走好每一步，在不远的将来就会有相应的回报。

此次戈壁行，我还要感谢组委会的良苦用心，在茫茫荒漠能让我们吃好、喝好、睡好、用好！这样的“神服务”应用到日常的工作中，也能让客户在我们细致体贴的服务工作中深受感动。

这次行程中，“稳”是我的关键词。就像戈壁徒步一样，前行的步子要沉稳踏实，为人处事稳稳妥妥、不卑不亢、踏踏实实，何尝不是生活真谛。

用实际行动来证明，我可以

北京博嘉亮　孙　博

前几日刚刚走完了88公里的戈壁徒步之旅，感想良多，特此记录。这次徒步，是一次屈指可数的特别的人生经历。我们在三天的时间里轻装徒步，体验行走在戈壁与沙漠之中的艰难与困苦。在有着充足补给的情况下重走玄奘路，既挑战了自我，磨炼了意志，培养了团队合作能力，又能亲身感受玄奘的经历。

在此次徒步之前，我曾不止一次地问自己：我行不行？我能否在三天内走下这88公里？……最后，我选择了用实际行动来证明，我可以。本次徒步的主题为："相信坚持的力

量”。1000多年前，在这茫茫戈壁，人迹罕至的沙漠之中，玄奘大师因心中的信念与使命，在上无飞鸟、下无走兽，四顾茫茫、人马俱绝的环境下坚持走下去。这，便是坚持的力量的最好证明。

我们来到敦煌，以一个挑战者的身份，并非挑战戈壁，而是挑战我们自己。我们在灼灼阳光下前行，我们在璀璨星河下跋涉。我们用脚步丈量自己前行的路途。

在本次活动中，我深切地体会到了三个相信：相信坚持的力量，相信团队的力量，相信自己的力量。出发后，由于没有徒步的经验，我很快便与同组的队员们分开了，在峡谷中一个人享受着这难得的寂寞与自由。第一天的路程为28公里，需要在40号与80号旗集体打卡。走到30号旗时，我已分不清我到底走到哪里。当我快要耐不住这份寂寞的时候，我看到了我的队长刘秦琛在40号旗等着我一起打卡。这时，我才明白原来我是队尾的那个人。

到了50号旗后，由于大风卷起黄沙，我再次与队友们分开了。一个人走在望不到边际的戈壁上，信心与耐心被慢慢消磨殆尽。失落逐渐从心底涌现出来。时间一点点流逝，身边的队伍渐行渐远，而我的脚步却越来越沉重缓慢。身边不停有人选择放弃。就在这时，我们队的陈善丰出现在我面前，为我的坚持打了一针“强心剂”。有了陈总的陪伴，我脚步逐渐轻快起来，慢慢追上了大部队。一个人，可以走得很快；而一群人，却可以走得更远。曾经的我对这句话似懂非懂，而现在，我懂了。无论在什么情况下，都需要团结。孤木不成林，单丝不成线，浑身是铁能打几根钉子？一个人的能力再强，也需要一个团队的协作。最后我们6人成功越过终点线，完成了第一天的考验。也正如我们的口号一般：携手并进，追梦必成！

第二天，由于没有休息好加上体力不支，我慢慢落在最后，曾不止一次想放弃，登上舒适的保障车。但是我还是坚持了下来，只为了心中的那个目标：自己认定的事，哭着也要将它做完！疲惫与寂寞不可怕，可怕的是失去目标。失去目标，就丧失了信心与斗志；失去目标，你会慢慢迷失自我，惶惶终日。无论如何，我们都要坚守心中的那个目标，那即是我们的奋斗的目标，也是我们的奋斗力量来源。最后，虽然超时了，但我依旧走完了第二天的路程。在经过了第二天的磨炼之后，第三天我也毫无意外地顺利走了下来。

曾有人说过：如果你喜欢一个人，可以带他去沙漠，因为那里美丽如天堂；如果你恨一个人，也可以带他去沙漠，因为那里艰苦如地狱。这是一个令人向往的地方，有着漫天飞舞的黄沙与炎炎烈日。在沙漠中，没有什么是永恒的，只有前进的脚步，没有终点。此次行走过程中，我们仿佛像机器人一般，机械地抬脚、走路、翻越沙丘。而中间的休息时间，则是一个让人迷茫徘徊的时间。休养就意味着放松，浑身的劳累感会一波一波地刺激神经让你不想再站起来。而只有一次又一次突破自我、战胜自我，才能听到内心的声音，感悟人生的真谛。坚定信念，坚实脚步，胜利必将抵达。

恺撒大帝曾说过："我来过，我看见，我征服。"我们征服的，并不是沙漠与戈壁，而是我们自己。我们自己，即是我们最大的敌人与障碍。征服了自己，我们便收获了成功。人的一生总会遇到许多的挫折和困

忍耐和坚持虽是痛苦的事情，
但却能渐渐地为你带来好处。
——（古罗马）奥维德

难，生活也会给我们带来许多的不如意，多数人面对这些生活磨难时，更多的是采取自暴自弃、畏前怕后的态度。但是，许多事情都是我们无法改变的，又何必为此而悲观失望，痛苦不堪呢？请相信，我们能够改变自己的心，尽最大的努力，做最好的自己。

人的一生中，总要有理想。每个人都希望成为自己心目中的英雄，每个人都有自己崇拜的对象，希望自己也像他们一样。可是，这些是需要我们为之努力拼搏、付出辛劳才能收获的。人生没有一帆风顺，没有一个人会否认痛苦与忧愁带来的锻炼与价值。只有经得起环境考验的人，才算是真正的成功。

这次徒步后每天都会有不同的感悟涌现出来，杂记下来却也不是太规整。但我坚信，这次徒步将是我人生中最为闪耀的经历之一，也将使我在未来的生活中坚持下去。

“我们是强大的苏大强”

苏州全视眼镜　徐标林

2021年5月初，得知有机会参与今年蔡司光学领导力挑战营的时候，我的内心是十分激动的，也对即将展开的行程充满了幻想，是未知，也是渴望。行程前一晚，苏大强队的所有队员在安全员于经理的带领下，在“95后”的年轻队长金昌达的表白中，许下了团队里第一个富有激情的愿望。6月7日上午9时，我们正式踏上敦煌丝绸之路，苏大强的旗帜迎风飘扬。

没有手机信号，没有工作困扰，大家暂时逃离了城市的喧嚣，开始在戈壁滩上肆意撒欢，手中的对讲机不停传来各支队伍的队员跑散后寻找自己团队的呼喊声：“蓝7，蓝7，你们走到哪里了，后面的队员有没有跟上”“蓝5，蓝5，你们在20号旗集合，我们后面追上……”大家不断追寻着各自的团队，整整一上午，对讲机响个不停。

幸运的是，中途加入的姚总和谢总领导经验丰富且活力十足，他们根据地形和队员情况不停调整行走节奏，始终在队伍的前面带领着大家集体前进，我也谨慎地跟在后面。然而第二次打卡后，我们陆续被其他“大神”团队超越。有的队员体力消耗过大，逐渐跟不上团队的步伐，我们的队伍无法完整聚集在一起了。看着路上那一列始终保持整齐队形且互相鼓励的黄队，我深受触动。就这样，在连总、安全员于经理、姚总、陈总、赵总和我6人的坚持下，蓝5队完成了团队打卡。

经过第一天的挑战，我们集体复盘总结了这一天的团队安排。会上，我思考着此次挑战的根本目的：我们为了什么而来？为了带什么回去？“苏大强”们纷纷发表自己的意见，反思总结当天的得与失。“姜还是老的辣”，有了对团队队员的进一步了解，也平稳了放飞的心态，我们更加严谨地制定第二天的42公里目标，苏大强精神在这一刻埋下了团队信仰的种子。

凌晨5时，许多城市人或许依然沉睡着，晨光熹微，我们已经迈开了脚步，开始了第二天的挑战。由于日常有跑步的习惯，也更想感受敦煌戈壁孤独的魅力，发令声响起之后，我扛起了苏大强队旗，奔跑了起来。在这一刻，我忘了疲倦，是一个人的独处，是一颗心的自白，这是人生最有意义的短程马拉松。每途经一个补给点，我都尽情地挥舞着苏大强队旗，大声地呼喊，告诉他们："我们是强大的苏大强。"

经过前两天的种种挑战，部分队员出现了伤痛不适的情况，最后一天有能力完成全程的人越来越少，但冲线6人缺一不可。就这样，我们重新组织起一个有趣且坚韧的苏大强冲线小团体——激情四射的姚总、韧性十足的赵老师、队长金昌达、帅哥杨程、最强大的"女神"郭总及爱跑的我。

第三天的开始，毫无思想准备的我们，踏上了沙漠的路程。我们没有想到接下来会是那么的艰难，不仅是我们，对于所有参与挑战的近500名队员也是不小的困难。在翻越几个沙丘之后，大家都有点绷不住了，对讲机里不断传来询问声：走出沙漠还需要多久？几号旗我们可以出沙漠？

此时，连总通过对讲机告知后方候补队员的状况，可能追不上我们了，并问道：“能否完成团队目标？”这刻前方的我们已经在沙漠里走了2公里，也对自身能否完成挑战产生疑问。但郭总得知情况，甚至在于经理主动提出“如果需要坚持他们会坚持追上”后，平静地告诉他们安心上补给车，并承诺“我们保证完成任务”。就这样，整个苏大强队已有4人上车休息，我们没有退路，6人小分队真的一个都不能少了。

沙丘起伏不断，我们继续前行。坚韧的赵老师默默地一个人走在队伍的最前面，难以想象昨晚的他还在发着热，大腿磨破了一大块皮肉；激情的姚总中途出现体力不支的状态，但他独

自忍受下来；细腻的杨程紧跟在队伍最后，再怎么难走的路，他都走得很稳；队长金昌达虽然口中念叨着“走不动了”，却一次次抵挡住保障车的“诱惑”，为了追寻希望翻过高高的沙丘；坚韧的郭总虽体力不佳但耐心十足，虽疲惫不堪但内心强大，她鼓励着年轻的队员：“即使双脚麻木，也记着我们的目标。”

到达终点的那一刻，我们看到其他队员在终点等待着，此刻再多的困难，也抵不住我们到达终点的热情。我们完成了既定目标，“苏大强”站起来了！苏大强队的旗帜迎风飞扬，是那么的漂亮，交织着我们的眼泪，与众多掌声混在了一起，凝聚起团队的精神。我们做到最强的自己。每一个人都知道只要努力，找到一个平衡点，参与协作，就能成为一个强大的团队。

在终点上，苏大强的旗帜飘扬着。

让生活不平淡，让潜能被激发

北京大明眼镜　齐俊骞

参加蔡司光学领导力训练营活动，在三天两夜戈壁徒步88公里之旅中，有赢得胜利的喜悦，有失之交臂的遗憾，有团结一心的友谊，有体验学习的收获，而我感受最多的是看到了自己的潜能。

赢得胜利的喜悦

这是戈壁徒步的第二天，41支队伍奔走在戈壁上。开始还有微风细雨，队伍到达沙漠时，只有骄阳似火。今天，我们橙7队出发稍晚了。前队速度快，早已没了踪影；后队的我和王云超，也不时超过一些其他队的队员。当天的36公里，有大约5公里是在烈日下的沙漠上行走。我们用了9个半小时，而前队比我们快约1个小时。橙7队分数最终再次获得第1名，两天的分数之和领先第2名600分。今天的路程有过半队员没能按规定完成，但52岁的我能坚持下来，没给集体减分，尽到了责任，为此我感到欣喜，再听到其他队对橙7队的赞叹，心里禁不住美滋滋的。

失之交臂的遗憾

这是戈壁徒步的最后一天，出发后不到一个小时，50岁的朱振宣扛着队旗追上来，对我对王云超说："张从亮和孔令军速度起不来了。齐哥，你们俩必须得有一个人跟我往前冲。"46岁的王云超尽管是女的，听完这话毅然跟着朱振宣冲了上去。走到65号旗时，队长李涛和安全员吴江钟迎面而来，说："齐哥，现在你是咱们队第6个人，咱们队的成绩全靠你了。"我二话没说，直接加速。一路上只要是上坡，我都记着朱振宣的话，看着脚下的路，做着深呼

吸，一步一步往上爬；只要是下坡路，我都尽量跑起来。我超过了眼前一个又一个人，终于到达终点。这次我与五位队友在终点合影，得到队友们的称赞。晚上的庆功宴上，成绩出来，前三名积分相同，但全程我们用时比其中一支队伍略长，遗憾获得亚军。尽管结果不如意，但这时我最想说的是，没有队友张从亮和孔令军前两天的付出，甚至为集体荣誉走伤了腿脚，就不能奠定第三天的基础，就不会有亚军的成绩。我十分感谢他们为集体的荣誉做出的巨大牺牲。

团结一心的友谊

“团结一心”是我们橙7队的队名，它就印在我们的队旗上。这个队名刚出来的时候我总觉着别扭，因为我听过一个相声《团结一心拿大奖》，讲述的是捧哏和逗哏演员为了个人利益争名夺利、互相拆台的故事。三天走下来，我看到的是每个队友为了集体目标不断付出。我们相信坚持的力量，我们也相信团结就是力量。朱振宣多年参加马拉松比赛，积累了丰富的经验。热身运动要如何拉伸，怎么吃盐丸、能量棒，怎么喝水以及徒步的禁忌，他一一告诉大家，并将自己的盐丸、能量棒和消除疲劳的药物分享给需要的队员。李涛和吴江钟，一个是队长，一个是安全员，他们都身负重任。讨论时，他们组织大家发言；徒步时，他们是团队的中坚力量。剩下的王承成、孔令军、张从亮、林杉、王云超，都话语不多，屠翰铮则爱说爱笑。我们队中有各个年龄段的人，分别来自北京、河北、内蒙古、湖南、新疆。我们来自山南海北的10个人，为了共同的目标，团结一心，在三天的徒步时间都没有进入前两名的情况下，拿到了团体亚军，也结下了深厚的友谊。

体验式学习的收获

在这三天两夜的戈壁徒步团体挑战中，我们白天按前一天制定的策略徒步；晚上讨论总结小组一天来徒步的得失，然后写在大纸上去大组演示分享，最后回到小组再制定第二天的策略。在徒步总结中，各小组相互学习，相互竞争，取得了很好的学习效果。第一天，我们徒步时间是第3名，但是我们的综合得分是第1名，因为我们对自己名次预估准确，没有失分；掉队的人少，失分少。第二天我们还是徒步时间第3名，综合得分第1名。我们预见到第二天比第一天身体疲惫，路途更长，只有不掉队才能不失分。我们做到了，也取得了很好的成绩。第三天我们对队员的负伤情况估计不足，幸好后队人员超常发挥，保住三天综合得分并列第1名的成绩。我们总结原因：一是装备不顺手，耽误了时间；二是比别的队少两人，造成关键时刻缺兵少将；三是平时训练力度不够，影响关键时刻的发挥。通过体验式学习，大家不断实践，不断总结交流，不断发现问题并及时解决，取得了明显效果。这种学习方法值得在生活、工作中广泛推广。

在这三天的戈壁徒步中，每当我感到疲惫，想到一望无垠的戈壁、沙漠没有尽头的时候，我就会听一听金一南教授的音频，其中一篇《我们要激发自身潜能　拒绝平淡》，文中说“生活中最大的杀手，既不是耀眼的成功，也不是痛心的失败，而是悄无声息的平淡，平淡最能杀

> 体验式学习理论：始于体验，进而发表看法，由此引发反思，继而形成理论，并最终把理论所得应用于实践的过程。
>
> ——（美）大卫·库伯

灭人的志向”，“克服平庸，就要敢做难事，敢做自己没有做过的事情，敢于打破自我习惯的固定节律，敢于把自己逼向墙角，只有这样才能把自己从习惯的惰性中解脱出来……才能将平淡变为不平淡，而且能极大地激发生命的创造力”。这让我联想到，本次的戈壁徒步是我没有做过的事情，是自找苦吃，无论获得什么名次，一定是我平淡人生中一段难忘的经历。如果没有这次经历，我永远不知道，我能在烈日下的沙漠中走几十公里；不知道在团队需要我的时候，我还能提速超过很多人；不知道自己人到中年，身体还有这样的潜能。

总之，这次戈壁徒步活动带来的认识感知，是我在凉爽的培训教室里永远不可能获得的。这次体验式学习，我不但学到了知识，而且还磨炼了品格，激发了潜能。对于领导力也有了新的认知。徒步期间我也有思考，作为领导都需要具备什么样的特质？大概就是运筹帷幄、决胜千里的决策力和战略思想，合理的调配人力和资源；拒绝平淡的心，不安于现状，走出舒适圈，迎接更高的挑战；以身作则，严于律己，鼓舞和影响他人。再次感谢蔡司光学以及为本次活动营造了良好氛围的每一个企业和每一个人，是你们提供了机会，让我远离了悄无声息的平淡。

蔡司光学
相信坚持的力量

Part 6

榜样力量

上下同心，在竞速中齐头并进

有一种力量叫作榜样，它推动着人们朝美好愿景不断奋进，指导着人们向坚定目标不断拼搏。“带人要同频，管人要共情。”

领导力是一门“动员别人想要为共享的理想而奋斗的艺术”，最后决定领导者的能力的是个人的品质和个性。一位好的领导者必须以身作则，“言必信，行必果”，进而成为别人想追随的人。

领导力修炼之旅

保定浙明眼镜　尤发成

苍茫西北，谁主沉浮？敦煌戈壁沙石泥泞，敦煌沙漠风尘滚滚。是挑战还是退缩？人类最大的恐惧就是对未知领域的探索。苍茫沙漠，你不知道自己能行走多远，你也不知道自己能停留多久，你只知道自己的目的：就是冲过终点！

我认为这次领导力训练营意义非凡。作为一名“90后”，我有着血气方刚的个性，个人带头冲锋丝毫不在话下，但是关于“领导力”，通过这次训练营我对自己有了更清醒的认识。

领导力修炼第一层是自我领导力。自我领导力不仅要身先士卒，还要走出自己的舒适圈，时刻保持激情和韧性，向着更高的目标发起冲击。在壮行宴上推选队长时，我其实很想担任队长来带领大家，但是碍于队内有几名前辈便没有主动请缨。徒步归来才意识到，自己其实应该更有担当，主动挑起这个重担。谦虚是种美德，但是担当才是我需要提升的品质！

第二层是团队领导力。把注意力放到帮助团队的成员，在团队中能与他人高效合作，积极配合，愿意为实现群体目标做出贡献，做幕后英雄。前两天徒步过程中，我仗着年轻走在队伍前方，没能照顾队伍中速度较慢的女士。其实第三天我也会出现伤痛和疲惫，也需要团队成员的鼓励。修炼领导力，在突破自我领导之后，要更多关注团队的成员，帮助他们成功。

第三层是战略领导力。在整个徒步过程中，我们队的战略都很简单，6个人作为先锋走在前，其余人根据自身情况自行调整。但是具体到细节：途中的任务点打卡没有提前研究浪费不少时间、午餐休息没有秩序和规定时间导致拖沓、计分器由谁来佩戴临时才商量、出发时应该选择冲锋还是保守速度、落在队伍最后的人如果选择了坐车怎么办……一系列具体的战略制定其实非常不到位，这也最终导致我们的成绩不够理想。好的领导者应该是保持清醒的头脑，组织协调资源不断朝着既定的目标前进。虽然我不是队长，但是作为队员，我也有义务积极为团队献言献策、查缺补漏。徒步过程中，我没能领会到领导力训练营的深层含义，只顾朝着终点走，回来反思后才意识到这一点。

第四层魅力领导力和第五层道行领导力我还需要慢慢参悟，但是在我们队队长乔总身上我能看到他的领导魅力。平时缺乏锻炼的他，所承受的伤痛不比任何人轻，但是身为队长他从没说过放弃，并不断为我们加油打气，三天全程坚持走了下来，这大概就是魅力领导力。

在《又见敦煌》表演中，千年也只是一瞬间。戈壁徒步之旅只是三天，但是这短短三天却

· 五级领导力 ·

自我领导力

团队领导力

战略领导力

魅力领导力

道行领导力

令我毕生难忘，一辈子一定要走一次戈壁。路上凹凸不平的戈壁、变幻莫测的沙漠，干燥的环境、刺眼的阳光，都是你冲向终点的阻碍。这次敦煌之旅让我明白，逆境中的生存之道应是充足的抗压准备，充分的准备能让你在逆境中扛住环境给你带来的压力和冲击。逆境中的不确定性是因为不能客观地看清自身的不足，而对自己的不确定导致了逆境加速来临。只有提前做好各项准备，才能熬过逆境，到达终点。坚韧不拔的性格也是逆境求生的条件之一。如果遇事就退缩，中途就放弃，那么永远都会处于失败的漩涡中。我相信坚持到达终点的勇士们与成功都是有缘的，他们全凭坚持，才能站在绝顶之巅，一览众山秀丽风景。沙漠如此残酷我都能到达终点，生活中又何惧逆境的到来？

修炼领导力，路漫漫其修远兮，吾将上下而求索！

人生就是一场不断超越的旅程

宝视（广东）视光眼镜 陈燕玲

有幸参加蔡司光学领导力训练营，抱着玩耍心态出发，我还挺开心的。出发前的壮行宴上，杨总向我们讲述了何为领导力、团队协作。说实话，我是一个人独自来参加的，即便被编入了绿3队，但互不相识的情况下，我仍然抱着“我是个体”的想法。对于团队、领导力等知识，虽然觉得说得都挺有道理，浅显易懂，但我感触不多。开始前，我们集合开会制定第一天的目标，我没有过多地参与讨论，只是想着听从安排即可，没太在意，而这一切，已经埋下了隐患……

随着一声轰鸣，天空爆发一团彩色“瀑布”，这一刹那，我的内心激动无比，活动正式开

始！毕竟是第一天，大家体力和状态都很好。一路上队友们都遥遥领先，我甚至跑出了女子第1名的成绩。这一天，我们获得了团队第2名。这时候大家开始喜形于色了，互相热烈讨论次日的名次及安排，分析总结了参与者的能力，觉得按照如此的走法，第二天可以定一个更高的目标，并且毫不客气地安排了我第二天做第三梯队的候补。此时，我在毫无准备的情况下，错估自我实力就答应了，甚至夸下海口说坚持不上车。

然而，第二天刚出发，我状态就不太好，头一天狂奔后体力透支的后遗症出来了。我错误预估了自己的能力，也没有跟团队提出自己头一天坚持走到最后体力已经透支、全身肌肉酸痛的问题，让团队误以为我还是能坚持如一……结果，第二梯队2人在完成了40号旗的打卡任务后就因为脚伤而上车休息了。他们以为有我做候补，冲线人数是够的，万万没想到，我早在14号旗就已经放弃行走，抱着一样的想法上了车。

·领导力罗盘六要素·

远见——（导航）：能否把握方向，具有前瞻性

沟通——（对话）：通过不断沟通，达成团队共识

动力——（激励）：通过不同的激励措施，让团队充满干劲和动力

控制——（指导）：通过教练辅导，让团队行为在规定范围之内

情境——（背景）：通过对于不同环境、情景的把握，选择不同的领导风格

自我——（认知）：对于自己也需要深入理解，扬长避短

当大家在午餐点碰头时，才知道各人的情况。这时候，我们已经凑不齐冲线的人数了。我们团队里剩余的五位队友在知道情况后，默默不说话，我相信他们当时的内心肯定是失望的。当王博大哥说我是队里最后的希望时，我内心一颤，才意识到，我们是一个团队，我不是一个人，不能如此任性，不能不做沟通，自己想怎样就怎样……更让我感到震撼的是，在明知道我们已经凑不够冲线人数时，队伍里剩余的五位队友，还是一往无前，没有丝毫放弃的意思，决心一路走到终点……

正如杨总所说："这样的培训在课堂上说是没有任何用的，你必须去实践，去体验，才知道这到底是怎么一回事。"我回想起杨总的话，团队力量、有效沟通、自我认知……一切突然就了然于心。

团队回到营地，在帐篷里首次认真总结和反思，"领导力培训"到底是什么培训？为什么最终没有达成制定的目标？大家都是行业里的老大和精英，执行力和沟通力为什么没有效果？最终我们得出结论：领导力首先就是领导作为目标的制定者，必须给予执行者方向，给予他们导航，要充分了解执行者的能力，指导控制目标的进度，并且对自我有足够的认知，不能制定了目标就忽略下一步的工作，然后就自己埋头干了。大家反思，如果一开始安排一个人跟我走，然后体力好的带着体力差的一路陪伴鼓励走下去，最终一定会是不一样的结果。这就证明

目标制定没错，是执行方向错了。这更让我清楚意识到作为领导，充分的沟通和指引方向引领前行是有多重要。而这也终于彻底唤醒了“我们是一个团队”的意识，一个即使只是短短认识三天的团队，也有团队的意识。生活中会遇到很多陌生的人和事，而我们培训的目的就是要懂得通过在不同的环境与不同的人相处和合作来获得共赢与成功。

通过这次充分对话，我们方向明确，目标清晰，每个人的职责分配更加合理。大家虽然都知道我们与冠军无缘了，但还是决定要好好珍惜这次体验，深刻理解这次培训的目的。所以，最后一天徒步，全队10人最终全部走完全程。在中途有想放弃的时候，“相信坚持的力量”这个围绕着我们整段旅程的主题就会冒出来，短短几个字仿佛充满了魔力，互相加油打气鼓励的声音不断。最让我感动的是已经连续两天喊膝盖疼得受不了的王博大哥还在一直坚持走下去，一路连拖带拽地带着我按照制定的计划一步步走向终点……冲过终点线的那一刻，一切都值得了。

如果你选择成功，注定要走与众不同的路。放弃很容易，随便一个借口都能成为放弃的理由，但我们只要紧握“相信坚持的力量”这一个信念，便足以支撑自己走到成功的那一刻。共勉。

千人同心，则得千人之力

蔡司光学 杨 飞

戈壁回来正赶上端午节，我们一家人围坐在一起包粽子，吃西瓜。这让我回忆起戈壁的烈日、沙尘。当你精疲力竭地来到补给点，队友给你递上一块西瓜，你一口咬下去，甜甜的汁水瞬间充满了口腔，滋润着喉咙。这已经是我第二次参与戈壁徒步，如果说第一次是自我突破的挑战，那么这一次就是对领导力、团队力量的感悟。

当我再次踏上敦煌这片荒漠绿洲，不禁想起一句诗："葡萄美酒夜光杯，欲饮琵琶马上催。"我作为橙5小组安全员，保护着这个11个人的团队。然而，这种"保护"实则是双向的，与其说是我保护他们，倒不如说是他们"保护"了我。

在出征前的大巴车上，为了保障团队的共同目标能顺利完成，我们快速拟定了小队内管理层的分工及任务名单：大队长制定目标；体育副队长负责组织安排徒步的节奏；组织副队长保

证大家准时集合；生活副队长检查装备了解队员的状态；宣传副队长负责拍照记录队员精彩瞬间；学习副队长负责沿途任务的完成和营地的学习讨论。明确了每个人的团队定位，大家各司其职，发挥自己所长。有了分工就有了责任，正是这份责任使每个人在后面的徒步过程中都为集体的荣誉而努力。真正的领导力不是去指挥别人，而是调动成员的主动性为了共同目标愿意为团队付出一份力量。分工合理得当的团队能发挥最大潜能，每个成员都能为了共同目标同舟共济、齐心协力，起到“1+1>2”的效果。

作为领导者，要学会确定合理的目标，目标为团队指明方向，代表着团队的意志。三天88公里的戈壁之行中，我常想起那句话：“既然我们来了就要走下去，不能给团队丢分，坐车回家坐去。”三天的戈壁挑战，使大家的生理和心理一次次突破极限。为了完成每天制定的团队目标名次，大家咬牙坚持。戈壁的路况都是未知的，有平地，有山丘，有沙石，还要克服高温、风沙，对于我们不经常锻炼的人是很大的考验。然而，每个人心里都装载着沉甸甸的团队目标，谁也不想给团队带来负担。这个小小的数字，就像指南针指引团队行动的方向，所有人为了它的实现努力前行。

当团队面临危机或逆境时，真正的领导者需要保持坚定的信念和坚强的意志，重新激起团队成员胜利的信心，从最坎坷的经历中寻找积极的意义，从最严峻的考验中汲取力量和智慧。相比第一天的路程，第二天的路线非常复杂，难度直线上升，打了大家一个措手不及。行走途中，崴脚、起水泡、膝盖积液肿胀都是常出现的伤痛，甚至有人为此无奈退出了当天的行程。

面对逆境，第一个挑战的就是自己，失败了要如何再启程也是我们徒步修炼的一部分。很多戈友都克服了自己内心的脆弱。第三天清晨，因退出而被收回号衣的戈友一早就找到组委会要回号衣。他们克服了内心的沮丧，坚定了自己为何要来戈壁的信念和决心，迎难而上，磨炼意志，整理行囊再出发。

在大的逆境中，只有团队协作才能取得胜利。第三天的好汉坡是一个让很多人绝望的地方，100多米的高度，45°延伸直上，炙烤的沙地，烈日当空，只能踩着“前人”的脚印艰难前行。大家也不分队伍了，一列排开蓝橙黄绿，形成沙漠一道风景。不论是什么颜色的方阵、什么数字的小队，大家都会相互鼓励：“加油！加油！向上走！”此时此刻，我们相信自己，相信同伴，相信坚持的力量，正如大雁合作飞行。大雁有一种团队合作的本能，它们飞行时都呈V型。头雁扇动翅膀带动气流，在其身后形成一个低气压区，紧跟其后的大雁飞行时就可以利用这个低气压区减少空气的阻力，有利于整个群体的持续飞行。个人的力量是有限的，而团队的力量是无限的。

蔡司光学行动领导力训练营结束了，从中我深刻认识到：在这个瞬息万变的世界里，一个人再有能力也干不过一群人，作为企业的领头人，善于用人、目标明确、不惧困难、相信自己的选择等都是要修炼的，古人云：“千人同心，则得千人之力；万人异心，则无一人之用。”有一个好的团队，你就是赢家。

成功的领导不是关乎充实自己——而是关乎授权给他人。

——（美）麦克斯韦尔

以行走感悟戈壁领导力

蔡司光学　陈亚辉

怀揣着期待、新奇和一丝恐慌，我参加了蔡司光学领导力训练营，并坚持走完了三天88公里的戈壁沙漠徒步之旅。此刻脑海里还是那茫茫戈壁、漫漫黄沙和奋力拼搏的队友。回望走过的路，所有的脚印早已荡然无存，留下的是万千感慨……或许只有经历过的人，才能理解。我感谢这一次生命的洗礼。

让每个队员都成为领导者

这三天走过了前半生最漫长且孤独的路。作为安全员我一直走在队伍的最后面，每天都是将队员安排妥当之后再去赶路。我不管身边发生了什么样的变数，想到肩扛的队旗，看到还有那么多比自己年长、带伤步履蹒跚、在崩溃的边缘坚持的队友，为了团队荣誉，无论再怎样艰难我一定都要走下去。

有句古语：“闻之不若见，见之不若知，知之不若行。”行走的第一天，我们的团队正如一支迁徙的雁群，头雁迎风开拓，队员之间一路上相互鼓励，8名队员以第26名成绩到营地。行走到第二天，大家都接近崩溃，队员之间的距离也有被拉开，最终大部分队员放弃。此刻如何继续发挥团队的优势，将再一次考验着领导者。通过总结，我认为工作中作为领导者在鼓励

员工参与同时，也要学会下放权力，让每一个队员都成为此次任务的一名领导者。领导者的角色是启发和激励员工，不一定要成为企业唯一的决策制定者，而要让团队全员参与其中，并充分发挥个人能力。“一个人可以走得很快，一群人可以走得更远”是这次成功的关键。

领导团队找到最近的路

第二天下午的沙漠行走，面对一个又一个沙丘，我似乎找到了好办法。当登上沙丘去往下一个沙丘时，我选择滑下，那一刻感觉是那样的轻松和愉快。看着那些走在沙脊的伙伴，我心里产生了小兴奋。连续攀爬几个沙丘后，细软的沙丘一脚下去好似再也无力抽脚的感觉，吃力登上后，我总结经验是“绕路不一定慢”。

工作中，人们常说“少走弯路”，我也时常急于求成。敢于试错并能够快速总结调整目标十分重要。而此时，我想：作为一名领导者，如果在工作中面临残酷的现实能营造出一种平等的氛围，人人敢讲真话，愿讲真话，更想把自己好的经验发挥到极致并及时与大家分享，那么，要找到一条合适的路并不很难。而适合自己和团队的路，才是最近的路，也是最快的路。

走出不快乐的困境

行走到第三天，各种疲惫折磨着我的身心。我看到身体不适退出的队友，想想自己肿胀的双腿，不时会有消极退缩的想法。让我坚持下来的，只有坚强意志、坚定的信念。

正如工作中，多少人不是因为劳累而倒下，而是因为消极的情绪而被压垮。有着强烈个性、个人魅力十足的领导更有必要认识到，个人魅力可能是一种财富，也可能是一种累赘。如何引导队员“不要看失去了什么，而要看拥有什么”，这是一件很难的事。人们之所以不宽

容“过去”，往往是因为对失去的东西耿耿于怀。面对沙漠，失去的是平日里的舒适；面对队友，失去的是平时在自己企业中的特殊地位。只有面对现实，多想想我们拥有了什么，获得了什么，才会更有战胜困难的信心。人生，请时刻记住“塞翁失马，焉知非福”。

“相信坚持的力量”，在未来的人生旅途中用宽广的胸怀包容一切，用正能量带领自己的团队。2021年敦煌88公里徒步之旅注定成为我一生刻骨铭心的记忆，待未来多年后回忆起依然犹在眼前。

· 卓越领导的五种行为习惯 ·

以身作则、共启愿景、挑战现状、使众人行、激励人心

——（美）库泽斯

（美）波斯纳

领导力浅谈

厦门华厦集团 关 山

“明年的88公里挑战你还来吗？”

“来，明年一定不坐车，靠自己的双脚去拓宽自己坚持的底线。”

第一次参加这么长距离的戈壁徒步，兴奋是大于恐惧的。然而，徒步已经过去了一周，手上晒伤的皮肤虽然已经恢复，但是内心的激动却还没有完全平静，心里总感觉有很多话想说。

所谓“领导力训练营”，究竟领导力是什么？领导力不是领导专属的，普通人在普通岗位上也会有领导力，但是平时看不出来，在关键时刻、关键事件下才会看到。这次的徒步，我看到了几种领导力的展现方式。

第一种，自带光环式。有的队员每年多次参加马拉松，体能绝对过硬。毫无悬念，队长一职非他莫属，而且这类领导根据自身的经验，制定的目标也会比较高。他们运用自己丰富的徒步经验，结合专业能力和正确的预判，及时处理团队内部问题，也会激励队员，引领体能较弱者突破自我。他们所制定的目标，最少有百分之五十的概率能够实现。

第二种，众星捧月式。有的队伍会推选资历，威望较高的人担任队长，大家对他的信任感天然会多一些。这类人通常有着担任领导的丰富经验，管理能力较强。能力强的领导者能维护好团队的团结，发挥出集体的战斗力，调动起团队的积极性。

第三种，水落石出式。第一天徒步走下来，每个人的性格、实力、脾气、向心力大家基本上都摸清楚了。有的人就会散发自己的“磁场”，通过一些事情把别人吸引过来，释放自己的领导力。你会发现，虽然这个人不是队长，但是大家都听他的。普通员工就算没有高于同事的权力，但只要运用自身隐形的领导力，也能事半功倍，成为对团队有价值的贡献者。

无论哪种形式的领导力，你都会发现，领导力最高光的时刻，是在团队遇到困难、遇到

挫折的时候，它会变成鼓励、激励、勉励和动力，推动整个团队坚持走下去。领导力实际上是一种影响力，影响他人追随并认同自己。它不囿于领导管理层。哪怕是一名普通员工，只要你能为团队创造一个良好的氛围，让每个人成为更好的自己，就能使他人认同、信服并追随你的决定和所制定目标。真正优秀的领导者会激励自己的团队不断前进，有向上心的领导者能让团队时刻保持积极乐观。

非常感谢活动主办方，让我们在这三天看到了那么多感人的团队，分享了他们对领导力的感悟。这个活动，我最大的收获就是体会到了坚持的力量、信念的力量。希望在回去之后，身为父亲的我，能为儿子树立一个好榜样，并用自己的亲身经历告诉他：要相信坚持的力量。

· 评估领导力水平的 9 个维度 ·

激情

承诺

负责任

共赢

感召

欣赏

信任

付出

可能性

以榜样的力量激励前行

蔡司光学 童 波

我不记得这是我挣扎了多少次之后，才再次有勇气站在这片沙漠上。这是我曾经发誓再也不来的地方，甚至在踏入甘肃的地界时，就开始心生抗拒。时间过得再慢一些吧，最好能够停在起点那一刻，但是我依旧能感受到时间的流逝，在指间，在被风吹动的沙砾间。纵使心有千万结，但是我也深知，今年的我是携手广东的36个客户一同来的，我已经不是代表我个人了。我需要有我自己的信念和使命，我需要有坚定的意志，我需要展现蔡司的精神，我需要和戈友们齐头并进，所以就在这纠结的思想斗争中，看似云淡风轻的我开始了这一次的戈壁之旅。

感念我是一个还算有点活力的“95后”，凭借着年龄的优势，在最开始就和队长一直走在队伍的前列了。我很幸运，在这趟旅途中遇到了我们光明信使队的队长刘浩峰先生。他幽默风

趣、体贴热心、才华横溢。作为“开胃小菜”的第一天，一开始的我脚下生风、脚步轻盈，如同来戈壁“散了个步”，轻轻松松就完成了30公里的行程。然而，经验告诉我，第二天的路程只会更加艰巨，在当天的分享和复盘中，我们达成了共识：要坚持走完全程。

第二天出发前，刘队语重心长地告诉我们：“我们不在意我们的名次，以全员跑完全程作为我们最大的目标，有什么问题我们都一起扛。”这一刻，我感受到一个充满关怀和包容的队长所散发出来的领导魅力，所有的担心、忧虑等负能量在这一刻烟消云散。这句话就像我们团队坚强的后盾，正是因为它，从第二天的第一刻开始，直到跑完全程的最后一刻，我们整个队伍总是一起前行。刘队高大的身影，带领着我们这支身着黄色队衣的队伍，在沙漠中前进。他亲自扛着我们手写队名的大旗，那大旗在风沙中不断地飘扬，没有一次被遮盖起来，没有一次被卷起来握在手里，如同我们的信念一般，只要旗帜还在，我们的“团魂”就还在。

太阳逐渐挪到了我们的头顶，仿佛有东西拖拽着我们的脚，阻止我们前进，让我们心生放弃。作为团队的领导者，队长一直鼓励着我们，随时喊起我们的口号“相信坚持的力量”，不断地给予我们精神力量的支撑。不仅如此，队长还时刻关注着我们每个人的情况，并在适当的时候给出及时的休整建议。每隔3公里，队长就会带领我们进行一次全身的拉伸，细心地讲解每一个拉伸的动作，使我们紧绷的肌肉得到放松；时刻提醒我们注意补水，计算着应该补水的时间；行走中队长时常回头留意有没有人掉队，每到达一个打卡点，就会鼓励我们。哪怕是自己已相当疲惫，他仍坚持帮助体能较弱的成员减负，甚至一个人肩负着3个背包。

在沙漠上坡时，我们踩着前一个人的脚印前进，深刻认识到，走别人走过的路是多么的轻松。可想而知，走在最前面开路的队长是如何的艰难：预判每一脚该落在什么位置，分析每一步距是否合适，研究是否有稍微省力一些的路线。所谓领导者，如果想让团队内的成员成为有效的“自我管理者”，你自己就得成为一个榜样，努力使自己成为一个可靠的“自我管理”的榜样，以身作则为团队提供一个示范。这就是榜样的力量。

在这样的氛围下，我们开始欣赏起沙漠的风景，发现这竟是一片可爱的土地。灼热的黄色沙海虽然似乎板着个脸，但也包容着斑斓的色彩，在阳光下格外耀眼。沙漠之中竟然藏着一块巨大的绿洲，周围散落着七个大大小小的湖泊，美丽又奇异；漫漫长夜中并没有狼和你相伴。也不知是谁挥着拳头，击碎了混沌的夜空，于是有了点点银河。有时不在乎你在哪里，而在乎

> 领导者要树立榜样，需要践行共同的价值观，以及教导他人践行共同的价值观。
>
> ——（美）库泽斯
>
> （美）波斯纳

和你一起的是谁。

站在终点的那一刻，我的脑海中回放在戈壁里的一个个片段。抬头是漫漫蓝天，脚下是苍茫大地，尽管大风在耳边呼啸，可听到的只有自己的呼吸声。感谢生命有这一次极致的体验，也许以后，有再多艰难险阻我也不怕。我们每个队员都感恩我们的队长，他凝聚起一个我无法想象的团队：最开始只想走5公里就上车休息的丰收姐姐走完了全程，在温柔安静的性格中有一颗强大的超越的心；被女儿担心倒在沙漠中最年长的温总走完了全程，甚至在每一个沙漠的顶端帮助了每一个人。来时我们并不相识，别时已是一辈子的朋友。

最后，虽然团队没有取得很好的成绩，但是我们成了一个真正的团队，一个拥有绝对灵魂的团队。任正非曾引用克劳塞维茨《战争论》中一句著名的话："战争打到一塌糊涂的时候，高级将领的作用是什么？就是要在看不清的茫茫黑暗中，用自己发出微光，带领着你的队伍前进。就像希腊神话中的丹科一样把心拿出来燃烧，照亮后人前进的道路。"

"人这一生为什么一定要走一次戈壁？"我想这篇随想就是我的答案，希望明年会有更多的广东戈友加入其中，一同遇见不一样的自己。

让团队走得更远，更有力量

广东雷诺医疗　郭海梅

我十分荣幸受邀参加这场三天两夜的蔡司光学团队行动领导力训练营。蔡司光学举办的这次企业文化之旅活动，让我充分感受到这是一家有大爱的公司。经过一番精心准备后，终于来到了这片敦煌大漠，我们一行12人被临时整编成黄10队，队名为“雄鹰队”。大家带着兴奋与喜悦的心情，共同讨论着如何制定第一天的徒步目标。队长还特意挑选了6名强将，走在前面冲刺，以保障我们小队能取得较好的名次。

第一天行程虽然只有30公里，但一路上地形复杂，有水路、戈壁沙石路，小队内的成员体能也相差甚远。前方冲刺部队疾步如飞，渐渐把我和另外两个同伴抛在后面，整个团队的距离越拉越大。渐渐地，我们望不见同伴的身影，这种拖团队后腿的感觉当真是不好受。幸好，路途中我们不时能遇见保障车队、摄影队员。摄影队员一边为我们拍下沿途美景和精彩瞬间，一边为我们加油鼓劲。

行到补给点，我整个人都快累得趴下了，感觉脚已不是自己的。大家意识到团队内行进节奏的问题：整个队伍前后成员行程脱节严重，尽管前方6名冲刺队员的速度极快，有望冲击高排名，但倘若他们中的一人出现某种意外情况被迫退出，而后方成员未能及时跟上，则极有可能会使整个团队丧失原有的优势。人无完人，事情也不一定总处于最佳情况，因此我们需要团队发挥作用，取长补短，让每个人都能发挥自己的长处，进而达到最好的效果。

出现问题，就需要及时调整。作为团队的领导者，队长放弃了原来的6人冲刺计划，利用当天午餐休整的时间，对团队的行进方式做了新的调配，重整了队伍。他指挥着全队以军队拉练的方式行走，一路保持一字队形。体力较弱的人员和伤员走在前面，以调整整个队伍的行进步伐；中间是实力较强的队员，帮助、保护前方成员；最后的人要从后面管控一切，确保没有成员落在后面，是最累的一个；队长在队伍的侧位，随时准备提供保护，并充当整个团队的保镖，随时调整队伍人员前后顺序。这种走军姿的"独特"队形吸引了其他队伍的注意，一路上得到不计其数队员的高度称赞。此时，我们的目标不再是单纯的获得名次，而是能以团队的身份抵达终点。在队长的带领和集体的鼓舞下，我们整个队伍最终顺利抵达终点。

回想起这一天徒步的队形，我顿时想起了狼群。狼是一种团队性极强的动物，作为在环境险恶的草原上生存的动物，狼的世界充满了智慧。狼群在前进时也同样遵循着这种"一字型"

·领导力五力模型·

感召力：是最本色的领导能力

前瞻力：是一种着眼未来、预测未来和把握未来的能力

影响力：是领导者积极主动地影响被领导者的能力

决断力：是针对战略实施中的各种问题和突发事件而进行快速和有效决策的能力

控制力：是领导者有效控制组织的发展方向、战略实施过程和成效的能力

的前进规则，走在前方的老狼，虽然体力较弱但经验老到，可以确保方向和速度；年轻的壮狼，护卫着中间的群狼；跟在团队的最后的是狼群的队长，确保没有任何一只狼被落下。领导者就如同狼的队长一样，不是要站在最前面，而是在后方照顾整个团队，在前进时给予团队一个大目标，然后把大目标分解为多个小目标，带领众人发挥所长，朝着每一个小目标前进，而自己作为坚强的后盾，照顾、保障团队能走得更远，为团队提供有力的保障和精神支柱，最终带领团队走到终点。

团队的力量、坚持的力量使我们完成了这三天的戈壁之行，最终战胜了自己，戈壁88公里，我们胜利了。这一路走来，团队的力量、坚持的力量、正能量精神很强大，如果不是跟着团队走，我相信自己是无法走完这88公里的。未来在生活、工作或创业路上不如意的地方还有很多，但我们不要放弃，满怀希望就能所向披靡，不论前方有多黑、多远，总会有一束光，我们跟着光，甚至我们自己成为光，散发光，为别人同时也为自己照亮前行的路。

只要相信我能，就没有什么不可能的。

领导者永不独行

蔡司光学 张松金

我是蔡司光学研发团队的一员，业余徒步爱好者。对于这样的我，可想而知，蔡司光学领导力训练营——戈壁徒步88公里有着无与伦比的吸引力。而事实也确实如此，戈壁、沙漠，在荒无人烟、黄沙滚滚的土地上一往无前，是何等豪迈和寂寥！

这样的路线，对于任何一个训练有素的团队，都不是一件简单的事情。当这样的路线，被当成了领导力的孕育地和试炼场时，更是带来无限的想象空间。

故事始于一帮“乌合之众”。

今年蔡司光学领导力训练营，参与人数创历史之最，共有465位来自全国各地的视光领域的精英组成了41支队伍。虽然都是行业精英，但是对于其中大部分人来说，徒步却是个未曾涉及的“行当”。在这个“行当”里，大部分人都是新人。这帮新人，对于“戈壁徒步”这个事

情，没有过切实的体会。所以由这些人组成的所谓“团队”，只能算通过蔡司光学这个纽带形成的“群体”。这一群群临时组成的“乌合之众”如何在这三天两夜的挑战中转化成能“一往无前，披荆斩棘”的优秀团队，达成训练营的预设目标？在团队自发的自我组织，自我调整过程中，什么样的人会成为团队的领导者？什么样的人会得到信任，带领团队前行？

训练营的组委会精心设计了本次戈壁徒步的团队目标，以团队内第6名冲线的成绩为准，为什么是第6名而不是第1名或最后1名？因为第1名或最后1名考验的是个人的能力，第6名却是考验团队的整体组织能力，如何将合适的人放置在合适的位置是决定胜负的关键。戈壁徒步这种挑战，是否像极了一个由满是新人的新项目团队的组建过程？

从“乌合之众”到“团队”，首先是团队有共同的目标。虽然训练营有预设目标，但是团队目标与每个人心中对自己的要求显然是有偏差的，抱着“浅尝辄止，体验一把”心态的大有人在。如何让团队每个人都能把团队的任务当成自己的任务，拼尽全力为团队而战，考验着每一个团队内的潜在领导者。

故事的转折，在于第一天的挑战结束后。

经过了第一天的挑战，大家开始对戈壁徒步这个事情有了切实的体会，而完成任务与没完成任务的心理落差，也切实地被团队的每个人所体会着：原来，这个远远不是一个可以“只体验一把”的挑战。这个过程中，团队目标、团队荣誉开始成为每个人感同身受的东西。而在这之中，起推动作用的，就是每个团队中的潜在领导者。在这一天中，具有领导者特质的成员，开始在行动中展现他们的热情与影响力。他们坚忍不拔，迎难而上，把团队的荣誉当作自己的目标，不停地激励着其他队员，渴望获得成功。内驱力，是领导者的第一特质。

第一晚的队内总结会，是这一群“乌合之众”向团队转化的分水岭。经过第一天的挑战，大家都对彼此的实力也有了更直观的了解，而这个时候，每个团队都会有人站出来，成为领导者，领导团队规划第二天的策略。领导者，有内驱力，但仅驱动自己前行是远远不够的。领导者，必须释放自身的驱动力，驱动团队前行。独行的，永远不是领导者。

故事的高潮，在于自发的权力让渡。

权力，也就是在团队内制定策略并要求其他人遵守的权力，是如何产生的？故事来到了第二天。第二天的挑战，显然是更加艰难的，时刻考验着新生的团队。如何落实策略，如何保证最合适的人在最适合的位置，这些都考验着团队的领导者。团队之所以为团队，最重要的特征是有强大的组织力和动员力。团队要获得成功，必须有向心力、有明确的组织策略和方向，

· 领导权变理论 ·

领导权变理论亦称“领导情境理论”，是领导理论的一种。该理论认为，不存在一种绝对的最佳的领导方式。领导是领导者、被领导者及其环境因素相互作用的动态过程。领导的效果与领导者所处的具体情境和环境有关，要根据具体情况来确定领导方式。

而领导者必须承担着推动团队落实策略的责任。而为落实这些策略，团队中的其他人本质上是放弃了部分决策的权力的，而将最终决策的权力，让渡给予他们信任的领导者，并最终遵循领导者的决策。这里对领导者最大的考验在于，如何获得大家的信任？如何让团队指定的6名先锋队员挑战极限？如何让团队的候补队员依然紧随其后？领导者，本质上就是团队的意志化身，本质上可以为团队带来整体利益，因为，领导者，必然是具备优秀的战略规划能力，并以团队利益为第一优先级的人。只有这样，团队整体自发的权力让渡才有可能实现，领导者才有实质影响团队并带领团队前行的能力。

故事的尾声，是永不放弃的坚持。

任何策略都是有极限的，任何团队也都是有上限的。沙漠徒步就是这样不断感受自己极限的过程。在路上，总是会有走不动最终落下的人，你永远不知道落在后面的人是放弃了，还是在不懈努力。但是，在这当中，你还是会看到，每个团队都有人，哪怕自身已在极限处徘徊，也依然在鼓励他人，鼓励自己。带领团队超越极限的，往往不是个人能力远超他人的精英，而是与团队同行，并带领团队坚持到最后的人！坚持，才是领导者最后的力量！

领导者，永不独行！

相信坚持的力量

附录

橙4队
沈阳大光明眼镜 柯星羽

三天的行程，让我深深感受到大自然和生命的力量。我第一次见识到顽强生长在沙凹的骆驼刺，第一次见识到在干旱中拔地而起的胡杨，也是第一次感受到这戈壁大漠瀚无人烟的孤寂……戈壁用它广袤开阔的胸怀，让我见识到生命的坚持。

行走是一种修行，在每个人的生命中，都会有这么一段艰难的磨砺时光，只有经历过了，才会拥有更辽阔的人生。在行走中，遇到了很多志同道合的戈友——追求理想、勇于开拓、团队合作、坚韧不拔以及创新超越。

橙5队
长春长袖明亮 黄冰梅

我选择参加这次徒步之旅，是想测试极限之下的自己有没有顽强拼搏的能力，看看自己的抗压能力能到什么程度。我相信坚持的力量，结果也证明了，没有体育基础、没有运动天赋的我，靠着顽强的意志力，仍然能创造奇迹。这三天我坚持徒步、成功翻过好汉坡。翻过去的那一刻，我感觉我这次徒步已经没有遗憾了。即使第二天在80号打卡点，保障车司机要拉我上车，我的脑子里都没有出现“放弃”两个字！

坚持长期主义，坚持选择做正确的事！坚持自己心中的梦想。通过这次戈壁徒步之旅，我遇见一个更好的自己。与团队同心协力攻克难关，我们能走得更远。

橙1队
郑州视野联行　王　磊

三天88公里的旅程已经结束了，但支撑我走完戈壁的那股力量依然还在——那就是相信坚持的力量。创业从来不是一蹴而就，每一天都有新的“厮杀”，坚持和放弃总是在一念之间。坚持100次不一定成功，但是选择1次放弃，你就会失败。坚持比放弃要困难100倍！因此，我希望“坚持的力量”能够一直指引我、鼓励我、鞭策我，让我在未来的挑战中勇往直前、血战到底！

橙2队
哈尔滨宝丰眼镜　陈志文

我们告别城市喧嚣，隐身于大漠深处，参加蔡司光学团队行动领导力训练营。这历时三天两夜的旅程紧张而刺激，让我们充分领略了西北大漠的壮美，其中有徒步的疲惫和到达终点的喜悦，更有戈友们互相关爱、互相帮助的精神，令人感动。一个会心的微笑、一个温暖的拥抱、一把轻轻的搀扶，无不传递着温暖。“乐莫乐兮新相知”，我们在旅途中收获了友谊。我想我们不是为徒步而徒步，而是为了在徒步中发现山川之美和人性之美。

此次徒步也让我认识到运动的重要性，只有好的身体才能自如地行走在戈壁，美好的人生应该从管理自己身体开始。以此次徒步赛为契机，我要养成走出户外积极运动的习惯，收获健康和快乐，这应该也是参与此次活动的一大收获。谨以此启发与大家共勉。

橙11队
北京明浩视光　郑婷婷

迎着朝阳，顶着烈日；

夜行静语，拥抱晚霞；

穿越沙尘暴，蹚过沙河群；

走过芦苇荡，战胜大沙漠……

走戈壁，是这三天最好的旅途！

有了这段戈壁行走的经历，我也算是走过戈壁的人了！

在旅途中，我细细品味了与自己独处的感受，品味了戈壁的碎石、沙漠的细沙，以及日升日落、荒漠风声。晚上，我特意走出帐篷，仰望星空，欣赏了璀璨的银河。

期待下一次徒步、下一次心灵的升华。

橙7队
乌鲁木齐燕京眼镜　孔令军

感谢我们团队的每一位的坚持。88公里戈壁如果只靠个人，很难走出来，但是依靠团队协作，我们做到了。我们相互鼓励，相互扶持，只要你相信自己，你就能走完。没有人能阻挡你前行，除了你自己。用脚步丈量88公里，靠的不是体力，而是信念，这是一段和自己内心较量、突破自我的征程。88公里的戈壁徒步像极了人生之路。没有谁是容易的，人生之路没有人帮你走，你只能一步一个脚印去完成。

橙6队
北京博嘉亮　侯鑫炎

三天的行程，我深深感受到坚持的力量。当我们真正行走于戈壁时，戈壁徒步的路程会长到让你崩溃，长到让你一旦坐下就没有站起来的勇气，长到让你时时刻刻都在想着自己的营地、自己的帐篷。只有真正征服了这茫茫戈壁，你才能体会到，最终的胜利只能取决于两个字：坚持。相信坚持的力量，我们最终才能获得成功。

这次的戈壁徒步挑战使我的精神和灵魂都彻彻底底地认识到团队、个人和荣誉的分量和价值。

橙9队
北京博嘉亮　张光伟

无目标的努力，犹如在黑暗中狂奔，没有方向。目标要有一定难度，但又要在力所能及的范围之内，目标要具体明确。目标需要全员共识，是大家的期望，而不是部分成员的期望，这样才能确保在执行过程中大家全身心投入，减少旁观者心态。设定目标要在理性的基础上加一些感性，给自己一个看起来有点难度的目标，逼迫自己跳出舒适区。奔跑着追求目标是一种境界，竭力的挑战极限是一种快乐。很多时候，累与不累，不取决于事件本身，而最终取决于我们对事件的心态。事实上，我们常常会发现，做自己愿意做、喜欢做的事情，累也是一种享受、一种快乐。

蓝　队

蓝7队
丽水绿洲眼镜　管必妹

这次三天两夜徒步之旅，真的是我人生当中最不寻常的一次经历。在徒步之前的半个月的准备中，我也曾犹豫过，按自己的身体状况，是不是真的能完成这个挑战？

虽然在中途有过好几次放弃继续前行的念头，但我最后还是选择坚持到最后，这让我深深体会到什么才是真正的“相信坚持的力量”。要想挑战一切的不可能，必须借助团队的团结合作。一个人的力量是有限的，只有团队的力量才是无限的。

蓝3队
上海泰鑫眼镜　平　敏

三天的行程，一路上，各种艰难的路况使大家脚下都起了水泡，每一步行走都伴随着阵阵的疼痛，是团队的鼓励、帮助和鞭策，促使大家都咬着牙坚持了下来。如果没有一路上队友的鼓励，我可能也会选择中途上车、放弃比赛，但是在整个团队的鼓励下，我坚持用自己的双脚，凭着自己的毅力走完了全程。一个人可以走得很快，但是一群人可以走得更远。我想，此行给我带来的意义也大概如此。

蓝6队
厦门华厦集团　胡明明

每天从早上走到中午，经历了黎明前的至暗，惊喜于东升的暖阳，欣赏最绚丽的夕阳，惊叹星河的浩瀚璀璨……是的，我从来没有感觉到天地可以这么纯粹、这么粗犷。沙就是沙，没有路；天就是天，没有任何矫揉造作；走路就是走路，沿途的风景只是浮光掠影，心中只有放弃还是继续的反复纠缠。直到成功到达基地，看着队友或是鬼哭狼嚎，或是喜极而泣，或是筋疲力尽，我相信大家都会为同一个词语而感动：坚持！

相信坚持的力量，你会创造更多的可能和无穷的价值，不管对个人还是对未来的职业，这都是一笔丰厚的馈赠！感谢蔡司光学，感谢独秀的队友！

蓝7队
平湖吴良材眼镜　王金钗

我和全组同伴一起携手前进，队员们互相帮助和互相关爱，一路上踩着孤烟沙漠相伴，一路欢笑，一路感动，以志践行，坚持了前进的脚步。最后的好汉坡我们一口气就上去了，笑着滑下来，手拉手冲过终点。直到坐下来的那刻我才发现我的袜子里和鞋子里全是沙子，我笑着哭了……人生有无数风景，走过的路脚会记得，发生的事心会记得。回顾这三天两夜的历程，我相信这是一场精神之旅，只有坚持不懈，勇于挑战，相信坚持的力量，才能走下去！

蓝6队
福州明视眼镜　胡万左

我一直认为，每次出去学习或体验都能够收获到什么东西。三天两夜的沙漠徒步，我一直思考怎样走才不会累，不会疼。由于我自己的脚感很好，走平路、下坡以及上坡的时候我都找到了更为轻松的方法。其实任何的事与物都会有一个切入点，顺势而行、逆向思考才能掌握市场经济的规律。这次的体验，主要考验人的毅力。一家企业想要长期健康发展，一定要观察三到五年时间的市场趋势，不断创新和储备知识、技术和思维新鲜感。不要急于求成，好比徒步沙漠一样，越急越走不稳。

蓝11队
蔡司光学　陈燕萍

面对身体的疼痛，面对不按计划的路线，这些徒步途中的不确定因素都会极大地影响我们的心理，可是只要去想最终的目标，我们就能静下心来，继续前行！

无论是这次短暂的88公里徒步，还是在我们平时的工作生活中，在实现自己目标的路上，不要停顿，要时刻提醒自己停止抱怨，提醒自己再往前走。这才是在遇到逆境，遇到不确定情况时应该保持的心态。

相信坚持的力量，相信相信的力量！

蓝1队
合肥视丽宝眼镜　余根霞

今天我再来回看一下自己的感悟：一、领导力的重要性，清楚地知道自己与团队的实力，我们需要与团队的每个人进行沟通，了解每个人的真实想法与实力，然后制定好规则，承担责任。二、确定好目标方向，调查好环境因素，准备迎接特殊环境。三、尊重规则，了解市场的行情不能太理想主义，要有一定的调查和思考。四、坚持，坚持不懈地努力下去。五、创新，不一定跟别人一样快，但要朝着自己的方向前进。

最后，向戈友们致敬，向所有竭尽全力实现自己目标的同仁们致敬。

蓝9队
成都眼知悦眼科　李秀科

每天面对繁重的工作与生活压力，我们都感到疲惫不堪。到戈壁徒步接受挑战，脚踏大漠、头顶烈日、回归自然、思考人生、风餐露营、友爱互助，在茫茫戈壁挑战极限，发现强大的自我。人的一生中能有这么一段最难忘、最宝贵、最不平凡的经历，已足矣。一路坚持不懈的毅力、勇往直前的勇气、肝胆相照的真诚，更是终生难忘！

一场体力的比赛结束了，但一场心灵的感悟才刚刚开始。相信挑战者都能在这次挑战中，找到属于自己的力量。

蓝3队
上海飞越眼镜　魏中江

相信坚持的力量

从汗水到泪水伴着血水，从尝试到坚持永不放弃。
你我相伴徒步三天二夜，穿越戈壁沙漠近百公里。
感恩队友一路不离不弃，化作我加速前行的动力。
感恩沿途戈友不断鼓励，重燃坚持走到底的勇气。
比赛累计用时廿四小时，创造个人戈壁徒步奇迹。
让我们相信坚持的力量，就一定能创造更多奇迹。

蓝10队
南宁明锐　戴凌斌

“春风吹，战鼓擂，广西战队怕过谁？”每当口号从我们队友的口中喊出来的时候，我们似乎又被打了一剂强心针。就是这一句句的“加油，你是最棒的！就快到了！”让我们坚持走完了为期三天的88公里徒步，并且拿到了总分第3名的成绩。这其中，有很多个感动的瞬间，很多个坚持的瞬间，很多个相信的瞬间……有这些瞬间，才有我们的团队成绩！

黄　　队

黄1队
重庆东大眼镜　叶晓红

88公里，原本还只是一个模糊的概念，此刻却成了我刻骨的回忆。

徒步88公里的辛酸与漫长混着汗水与泪水：当我的双脚踏在炽热的沙漠里，脚底的水泡已经不知何时破裂，锥心的痛从脚底扎入全身。嘴中的口渴已经无法用水来浇熄。头顶烈日，双眼眩晕，双腿发软，我艰难地支撑着疲惫的身子，机械地迈开双腿。我的心中只有一个信念：我要走完88公里，走不动，爬也要爬到终点。不为别的，只为给自己一个完整的交代。

人生中难忘的一课，让我学会了坚持，也明白了这次活动的主题：相信坚持的力量。

黄3队
蔡司光学　张　石

见天地，天高地远，广袤无垠；在大自然面前，个体是如此的渺小，只有大家紧紧团结在一起，才有胜利的可能。见众生，坚定、鼓舞、彷徨、崩溃、顽强，只有大家目标一致，相信彼此、相信伙伴、相信坚持，才能走到胜利的终点。见自己，挑战心灵一次又一次的极限，挑战身体发出的一次又一次疲惫的反馈，最终走向自我意志的新高度。多少次，风沙模糊了视线，坡地遮挡了视野，看不到尽头，看不到目的地，但我们相信胜利就在前方。挪一步是一步的距离，进一寸是一寸的欣喜。只要脚步不停，就终会有到达的那一刻。三天两夜，涅槃重生终将到来。

黄9队
蔡司光学　陈光劲

今年我怀着个人目标以及团队目标出发，经过三天两夜的团队奋战，我看到队友们即使要忍受身心疲惫，也不忘相互鼓励，共同相信坚持的力量。

戈壁之路其实是人生之路，在这个过程中有团队的协作、沟通与信任。大家共同完成团队的目标，也有个人的独立思考。在茫茫戈壁中，为了忘记双脚的累和痛，灵魂就一直在过去和未来之间来回走动，直到你回到营地。的确，戈壁的独处能令人想得更深，思得更远。不枉此行。

黄1队
拉萨圣城康明眼镜　孙　学

当我们冲线的那一刻，我的内心是欢快的，我们是最棒的！我们克服了身体的疲惫，战胜了软弱的意志。我们团队为了获胜，坚持不懈地努力着。在此我为我们团队喝彩，为我们的女将喝彩，为我们默默付出的伙伴喝彩！是你们的坚持让我们成功地完成了这次挑战，为我们人生经历留下了一次美丽的回忆。一个人确实可以走得很快，但决定成功的往往是一个团队。

黄9队
东莞雷登眼镜　樊永军

戈壁行

三天两夜戈壁行，与世隔绝享清闲。

徒步落单来思考，疼痛难忍勇向前。

黄11队
汉川华视眼科门诊部　肖东骄

敦煌徒步已经结束了，但我的腰、大腿、脚板还隐隐作痛。脚上的泡泡变成了老茧，腰和脚板似乎变得更坚硬了。88公里的辛酸混着汗水融入了血液。

人生就像这次徒步，“坚持”是让我们走到最后的信念。这一路上，我们会想到放弃，会后悔我们所做的决定，可是既然做出了决定，我们就不会半途而废。我们一路风雨一路歌，携手共赴我们的未来。我们将一起应对所有的风风雨雨，永不停歇。

感恩蔡司光学给我们这次相识和挑战自我的机会，感恩共患难携手同行走过沙漠的戈友们。

黄3队
苏州精益眼镜　陈　伟

每个人都是渺小的。在茫茫沙漠中，我就如一粒沙子，可我们能聚沙成塔。从第一天的激情澎湃，到第二天的偃旗息鼓，再到第三天的王者归来，个人主义与英雄主义，在团队作战的战场上显得多么微不足道。我不否认个人英雄主义的作用，但通过这次徒步挑战，我更加深刻地认识到杨总在动员会上说的一句话：一个人可以走得很快，一群人可以走得更远。

黄6队
长沙凯宏光学　黄宇婷

这次训练营比的不是体力，而是毅力。我之所以能完成这次挑战，更多的是依靠队友们给予的支持和鼓励。正是因为有共同的目标，所以我们友好协作、携手相伴。这几天团队协作的内容在脑子里奔腾。

团队需要的不仅是个人力量，还需要组织者和领导者，但是更少不了每一个共同驰骋的成员。团队协作比拼的不仅是团队能力，更是重要的是成员与成员之间的默契合作。每个成员都需要实力但更需要努力的精神。借用世界杯解说员黄健翔说过的一句话与各位共勉：“你不是一个人在战斗！”

黄2队
成都新华眼镜　葛小兴

其实人生就像这一次徒步旅行，有开心，也有痛苦；有坚持，也有犹豫。在徒步中去感受人生，不要总是畏惧前方未知的道路，不去尝试就得不到收获。在徒步中去领悟做人的道理，不要总是抬头傲视远方，要踏实走好脚下的每一步。

现实中，我们面对工作，面对生活，有压力，有麻木，有无奈。如果大家像这次徒步一样，团结一心，坚持不懈，勇往直前，我们的明天会更加美好！

黄7队
佛山高登眼镜　黄月桂

三天两夜的戈壁之旅，我见证了太多感人的故事，认识了太多值得学习的榜样：有超强毅力和能力的刘总、热心照顾大家的游姐和丹姐。在你们身上，我看到了坚持的力量。戈壁归来，每个人都是自己心目中的英雄。88公里戈壁徒步不是我们的目标，我们的目标是超越自我，突破极限。这是我的第一次戈壁行走，这次戈壁行走让我见证了团队的力量。相互协作、承担责任、设定合理的目标以及具备顽强的毅力，这些都是我们团队征服戈壁的诀窍。只要方向正确，拥有强大的执行力，相信坚持的力量，我们就一定能超越自己。

后 记

三天两夜的戈壁领导力训练营圆满落下了帷幕。此刻我正坐在办公室里透过落地玻璃窗，看着外面的璀璨夜景，耳边仿佛回响着飞机离开敦煌时轰隆隆的声音。回想着这些天与我一起承受巨大压力、共同奋斗的蔡司光学的小伙伴们，回想着活动中那精彩纷呈、跌宕起伏的点点滴滴，我陷入了沉思。

作为主办方的主要负责人之一，这次蔡司光学团队行动领导力训练营是我进入蔡司光学4年多以来最为艰巨的一次大型活动组织工作。

训练营原定计划在6月5—10日举行。可就在5月21日，广州疫情形势突然严峻，受此影响，多位组委会及摄影工作人员均无法出行。随后我们又接到了国家体育总局对户外体育赛事加强管控的消息，这让我们紧张不已，虽然我们的徒步活动不是体育比赛，只是团队建设的训练营，但仍然非常担心会受到影响。

活动是取消还是继续进行？风险是否可控？蔡司光学的领导和活动组委会为此紧急召开了多次会议。在全面评估了风险并做了非常充分的安全保障预案措施后，我们毅然决定继续举办。

今年的报名人数超过了500，几乎是去年的5倍，这对我们的组织工作提出了巨大的挑战。沙漠上的安全怎么保障？要增加多少保驾护航的车辆？接送大巴如何调度才能减少排队等待的时间？如何尽可能地让每一位客户都能有良好的体验？组委会做了一个“超级大脑图”，密密麻麻地列出了可能发生的情况及解决方案（就像美剧分析案情那种满墙都贴满了各种信息的画面，看似杂乱实则有章）。由于户外活动具有一定的风险，在活动前一个月，我们建群鼓励大家提前储备体能，跑步打卡，并在心脏平板测试环节劝退了几名身体条件不达标的队员。我们制定了详细的活动规则与安全手册，并为41支队伍配备了安全员、小队长、大组长、总领队、教练、医生等。徒步过程中51辆保障车基本可以做到每隔500米一辆。不仅如此，我们还专门指定了天气观察员以防极端天气造成意外。我们撤下了壮行宴和庆功宴的所有酒精饮品，并要求每一位蔡司光学的同事落实责任到人。就像我们蔡司光学杨晓光总经理常说的，我们做的所有一切，就是为了防止那万分之一概率的发生！

最终共有465位队员抵达敦煌。会务工作事无巨细，我们都尽力做到完善：疫情打乱了100多位客户的航班时间，导致通宵接机；人员名单变动了68次，调整酒店房间安排的电话甚至在凌晨2—4时也会响起；原定的500人参观计划由于时间与人员变化，变成了碎片化运作；组委会在帐篷中奋战，整理照片视频、计算积分、安排衣食住行，为此甚至错过了晚饭和热水澡的供应时间……我们就像是一场晚会的后台工作人员，在大家看不见的地方凌乱但有序地忙碌着，紧急且高效地运作着。

所幸的是，我们的工作得到中欧营销学会张桂森会长和真诚热情的客户们的一致好评。在活动成功举办后，我们看到大家在戈壁活动大群里的反馈："非常不错！""怕你们会骄傲所以只能给你们9分""筹备如此大的活动，千头万绪，感谢你们，组委会辛苦了！""即便艰难，也愿意参加"……我们竭尽全力地为队员们搭建了展示自我的"舞台"，而你们作为主角，也在用坚持和毅力为自己的人生写下非同凡响的一笔，甚至突破了自己从没想过的边界。我不禁想起了蔡司光学彭伟总裁经常强调的"灵魂三问"：你是谁？你从哪里来？你要到哪里去？每位参与活动的队员对目标和逆境有了深切的领悟，对团队领导力和体验式学习有了终生难忘的心得体会，这就是我们工作前进的动力。感谢你们的支持，我们才有动力继续把活动坚持办下去，而且一年要比一年好！

"相信坚持的力量"不仅是这次训练营的主题，而且是我们在青少年近视防控领域一直坚持的核心理念。从2011年起，蔡司成长乐镜片帮助超过420万位中国青少年儿童延缓近视发展的速度，在每一副蔡司镜片上我们坚持把每个环节做到极致。通过严谨的技术创新和生产工艺，175年始终如一专注研究，为小朋友的眼睛提供健康和高品质的视觉体验，让每一位配戴蔡司镜片的人都能透过高清镜片感受到生活的精彩。

组织这次活动所经历的考验与挑战，让我们团队合作更加成熟、更有默契：在目标艰巨的情况下能坚决果断一往无前，在动荡逆境的时候能团结协作思考创新，在累极了想放弃的时候能互相鼓励传递正能量。我相信我们的团队已经激发出了巨大的潜能和力量，愿我们团队能与时俱进，创造更广、更深、更强的影响力！

最后，我们要特别感谢中国眼镜协会杜同和理事长和戴维平副理事长对本次活动的关怀与指导。感谢vivo团队，让我们用vivo蔡司联合研发的vivo X60系列手机记录了行走中的美好。感谢所有参加活动的蔡司光学的客户及合作伙伴们，此次我们征集了170多篇感想体悟，限于篇幅无法一一收录。感谢问道体育、川道户外和瀚成文化帮助我们运营本次活动。感谢中欧国际工商学院忻榕教授为本书作推荐语。感谢南方日报出版社帮助我们整理、编辑、出版本书，为此次戈壁之旅留下点点纪念。感谢蔡司光学所有领导和同事对市场部的帮助与支持。相信坚持的力量，大家都是最棒的！

朱睿敏

2021年8月12日晚于宁静绚丽的广州塔下

（作者系蔡司光学市场营销负责人）

“志无止境·同心同行” 2

蔡司光学“青少年近

挑战·专注·
2018蔡司光学戈

020蔡司光学戈壁挑战赛
ZEISS
2020

泰山队
徒步天
见防控”戈壁挑战赛
ZEISS
Seeing beyond
2019

ZEISS
壁徒步精英挑战赛
ZEISS
2018